INTRODUCING AESTHETICS:
A GRAPHIC GUIDE by CHRISTOPHER KUL-WANT & PIERO
Copyright © 2012 ICON BOOKS LTD
This edition arranged with ICON BOOKS LTD
through BIG APPLE AGENCY, INC., LABUAN, MALAYSIA.
Simplified Chinese edition copyright:
2016 SDX JOINT PUBLISHING CO. LTD.
All rights reserved

美 学

Introducing
Aesthetics

克里斯多弗·库尔-旺特（Christopher kul-want）/ 文

皮埃罗（Piero）/ 图

李　晖 / 译

Simplified Chinese Copyright © 2016 by SDX Joint Publishing Company. All Rights Reserved.
本作品中文简体版权由生活·读书·新知三联书店所有。未经许可,不得翻印。

图书在版编目(CIP)数据

美学/(英)克里斯多弗·库尔-旺特文;李晖译;(英)皮埃罗图. — 北京:生活·读书·新知三联书店,2016.12(2025.5重印)
(图画通识丛书)
ISBN 978-7-108-05727-3

Ⅰ.①美… Ⅱ.①克…②李…③皮… Ⅲ.①美学 Ⅳ.①B83

中国版本图书馆CIP数据核字(2016)第133934号

责任编辑	樊燕华
装帧设计	朱丽娜 张 红
责任校对	张 睿
责任印制	卢 岳
出版发行	生活·讀書·新知 三联书店
	北京市东城区美术馆东街22号
邮 编	100010
网 址	www.sdxjpc.com
图 字	01-2019-1740
经 销	新华书店
排版制作	北京红方众文科技咨询有限责任公司
印 刷	北京隆昌伟业印刷有限公司
版 次	2016年12月北京第1版
	2025年5月北京第4次印刷
开 本	787毫米×1092毫米 1/32 印张5.75
字 数	93千字 图字号 01-2015-6454
印 数	12,001—15,000册
定 价	28.00元

(印装查询:010-64002715;邮购查询:010-84010542)

目 录

002 什么是美学？
005 经验的本质
006 苏格拉底与柏拉图
008 诗歌的力量
010 作为模仿的绘画
011 假象
013 蒙蔽即是真，真即是蒙蔽
014 亚里士多德的《诗学》
016 艺术与观众
017 艺术与现实
019 宣泄
021 中世纪美学
022 神学的定时炸弹
023 秩序之美
025 托马斯·阿奎那
026 美与认知

028 作为宗教教化的艺术
029 艺术与忧郁
030 暗夜学派
031 文艺复兴美学
032 作为哲学的绘画
033 市民阶层的兴起
034 艺术家的传记
035 古典主义知识型
036 主体
038 君临式的眼光
040 纵然是阿卡迪亚，亦有我在
041 帝国主义主体
042 资本主义与他者
044 启蒙运动
045 康德的批判哲学
046 判断力批判

047 崇高
049 普适的理性
050 不可知之物
051 黑格尔与普遍意识
053 象征主义、古典主义与浪漫主义
055 现代美学的起源：尼采、弗洛伊德与马克思
056 尼采与一切价值的重估
057 太阳神与酒神式的能量
059 变化的迷狂
060 弗洛伊德与心理分析
063 升华
065 马克思与资本主义的异化
066 艺术与资产阶级
068 唯美主义
071 现代主义美学
072 通感
074 浪漫主义
076 20世纪二三十年代的马克思主义美学
078 卢卡奇与批判现实主义
080 布莱希特式的现实主义
081 共产主义美学
083 社会主义现实主义

084 现代主义时期的美学
085 光环
087 早期摄影的激进力量
089 历史的碎片
090 西奥多·阿多诺
091 大屠杀之后的艺术？
093 空心化的主体
094 尼采式的美学
096 真理的发生
099 乔治·巴塔耶
100 耗费哲学
102 追求极致
103 "二战"之后的精神分析与美学
105 语言与自主的"我"
107 凝视
108 掌控的幻觉
109 原乐
111 20世纪六七十年代马克思主义的形象理论
112 德波与景观社会
114 匮乏
115 国际情境主义者组织
117 易轨
118 观看的方式

120 现代主义美学：1940—1970	145 刺点
122 温克尔曼与莱辛	147 朱丽亚·克里斯蒂娃
125 极简主义艺术	149 母性空间与符号
126 美学、当代经验与后现代主义	151 克里斯蒂娃与"原乐"
127 詹明信（弗雷德里克·詹姆逊）	153 女性主义美学与后现代主义
128 跨国公司的兴起	154 雅克·德里达
130 现代主义者 vs 后现代主义者	155 解构
132 戏仿还是拼贴？	157 无法判断的艺术
134 精神分裂式的文化	158 让-弗朗索瓦·列奥塔
135 安东尼奥·内格里与 T. J. 克拉克	159 纽曼与杜尚
138 后现代主义与欧洲大陆美学	164 吉尔·德勒兹
139 媒体就是信息	165 无器官的身体
140 模拟的美学	167 结论
142 后现代资本主义的各种反讽	170 延伸阅读
143 罗兰·巴特	174 作者致谢
144 不带编码的信息	174 插图画家致谢
	175 索引

1820年,浪漫主义诗人**约翰·济慈**(John Keats,1795—1821)在《希腊古瓮颂》这首冥想死亡与不朽的名篇里写下了上述诗句。但什么是美,什么又是真?这都是美学试图要回答的一些问题……

什么是美学?

"美学"(aesthetic 的复数形式)一词源于希腊语单词 *aisthētikos*,而后者则来源于 *aisthēta*,意思是能够被感官所知觉的各种事物。美学在 18 世纪成为哲学的分支之一。1735 年,德国哲学家**亚历山大·戈特利布·鲍姆加登**(Alexander Gottlieb Baumgarten,1714—1762)在《关于诗歌诸项事宜的默想》里首次使用这一词汇。随后,在 1750 年,鲍姆加登又将另一部未完成的著述命名为《美学》(*Aesthetica*)。

美学是一门专业学科领域,它研究关注的内容是觉知与感觉经验。

如今我们经常会遇见以"审美"(aesthetic)这个词的否定形式出现的另一名词:"麻药"(anaesthetic)。后者指的是一种导致知觉丧失并让人无法感到疼痛的物质。

美学的应用范围已经不仅局限于哲学相关领域，它还被运用到有关设计与时尚的场合（例如，汽车设计师会谈论到某款车型的美学，而室内装修设计师则会用这个词来指代其设计外观与风格）。同样，在与艺术相关的话题里，"审美"也被用来描述某位艺术家作品内的感性内容与风格。

"唯美主义者"（aesthete）与"审美"拥有同一词源，它指的是对优美之物具有卓越鉴赏力的人。奥斯卡·王尔德（Oscar Wilde，1854—1900）经常被援引为唯美主义者的代表。出于对艺术和美的热爱，他奉献出毕生的精力和创作。王尔德相信：应当从艺术本身来衡量它的价值，而不是为了实现任何目的或功用。

制造无用之物的唯一理由，就是人们会对它倾慕不已。

所有的艺术都一无所用。

王尔德试图在资本经济滋生的功利主义价值之外，为审美经验（即对于美的欣赏）保留一方净土。欧洲大陆的*哲学式美学*传统则比王尔德更进一步：它质疑人的经验能否得以再现，或能否被赋予某种道德价值。这一传统的来源可以上溯到 18 世纪。

经验的本质

继鲍姆加登之后，美学作为一种哲思活动，不仅关注美的问题，同时也关注全部的**经验本质**（例如各种知觉、感受与情感）。然而哲学家们很快意识到：这一类探索还会扩展到主体性、身份认同，以及价值信念发生变化的可能性等诸多问题。个中原因在于，经验之事不仅关系到意识问题，它还微妙地关系到潜意识经验在身份塑造过程中的作用。因此，当美学以哲学专业某个分支的名义展开研究时，实际上是在着手构建相当于未来全部哲学探索的核心内容。

"经验"主题已经与政治学、心理分析和艺术领域的问题密不可分……

……而且，更广泛地说，它与现代性和后现代性的一些关键议题也密不可分。

在鲍姆加登之前，美学这一名称并不存在。不过，哲学领域里确曾存在过一个悠久而重要的传统，其关注对象是知觉与感觉经验的底蕴和意蕴。这个传统可以追溯到柏拉图和古典哲学阶段，而美与真的议题正是在这一场合中首次被相提并论的。

苏格拉底与柏拉图

有一点我们必须牢记在心：在西方古典主义时期，真理是与宗教以及伦理观念联系在一起的。柏拉图哲学的基础，源于他那位四处游走辩说的哲学家导师**苏格拉底**（Socrates，公元前470—前399）的教诲。苏格拉底和希腊社会的其他人一样，都秉持那些具有**形而上学**特征的宗教信念。形而上学是一种二元体系：诸神存在于更高的超验领域，神界之下是人类居住的俗世，而俗世则是对神界的苍白模仿。

宇宙中存在着一种潜在的、超验的秩序。

这个秩序是由各种永恒存在的"形式"组成的，而我们则从中提取出正义、美和真等绝对价值。

除此之外，苏格拉底还表明：这些形式里包含了各种内在结构，而这些结构则能在一切现存事物中找到。不过，他与希腊社会大多数人的看法不同：他认为智慧与德行的价值要远胜于战士的勇猛和力量，而时人则认为后者能获得众神的青睐。

柏拉图（Plato，约公元前 427—前 347）继承了苏格拉底的观点，他辩称：如果想要获得宇宙间更高"形式"的知识，就需要具备恰当的品德（也就是智慧），而哲学家（例如他本人）则是唯一人选。苏格拉底和柏拉图通过挑战当时那些固有的观点，与雅典城邦及宗教集团之间形成了一种权力斗争。为了表明自身立场，柏拉图将哲学与艺术和诗歌相对立；他声称后两者不符合道德，也是不真实的。

考虑到艺术与诗歌的危险影响，柏拉图在《理想国》（约公元前 375 年完成）里禁止艺术家和诗人踏入他的理想化城邦。

诗歌的力量

诗歌具有感动观众的力量，这是柏拉图时代的一个丰富话题。人们相信诗人能够和缪斯沟通，而作为记忆之女的缪斯诸神不仅知晓过往的历史，更能够洞察众神的旨意。此外，诗歌在当时还享有很高的公共地位。因为希腊戏剧是用韵文写成，在公共讲坛上大声朗诵诗歌，也是当时的一项习俗。

我反对使用诗歌的力量来诱惑民众。

它让人们对诸神产生错误的观念，并且会给年轻人和易受影响的人群提供不恰当的行为榜样。

柏拉图在对诗歌进行负面评判时，还专门抨击了《伊利亚特》与《奥德赛》的作者**荷马**（Homer，约公元前800—前700）。柏拉图采用的例证，是《伊利亚特》里阿喀琉斯在战友们殒命时的悲恸反应。柏拉图责怪荷马将死亡描绘成一种令人生畏的邪恶，而不是把它变成一种提示，让人们意识到天堂里的富足值得追寻。

在荷马作品里看到的悲伤与哀恸，促使人们对诸神产生愤怒，这反过来又会佐证一种错误观点，即认为诸神应当为邪恶的产生负责。

诸神无可指责。责任在于做出选择的这一方。

作为模仿的绘画

柏拉图在看待绘画时（他指的是壁画），也采取了同样的贬斥态度。他将绘画视为一门模仿的艺术，并且是建立在复制自然的基础上。他还把绘画比喻为一面镜子。

> 绘画的技艺，并不比来回转动一面镜子去捕捉太阳、天空和大地的景象更为高明。

出于这个原因，柏拉图还辩称：绘画是"二次偏离真理"。它达到的水平，甚至还不如木匠制造出的器具。他断言，木制器具通过单次的偏离，而再现了那些更高"形式"的蓝图。

假象

尽管柏拉图对艺术予以谴责,却从未将艺术与真理彻底分隔开来。他只是表明:艺术是真理的一面苍白的镜子或拙劣的摹本。不过,他在《智者》(公元前360年)一文里讨论到完全有别于真理的另一范畴,并将其命名为"假象"。

我断定"智者"(Sophists)是一批假象式的哲学家。

这些哲学家们运用的论辩方式,尽管看起来能让人完全信服,但实际上却是具有欺骗性质的虚幻。

柏拉图不无贬斥地将智者学派的哲学家们比作魔术师:"一位模仿真实的骗子。"(《智者》)今天的"诡辩术"(sophistry)一词,则是指貌似有理有据,或蓄意欺骗的论辩形式。

后代的哲学家（例如弗里德里希·尼采），以及受尼采影响的后现代主义哲学家们（例如吉尔·德勒兹和雅克·德里达），都将柏拉图关于假象的论述视为其哲学体系中致命的"阿喀琉斯之踵"（Achilles heel）。

如果说假象存在于真理之外，那么柏拉图就无权再就它与真理之间的关系进行判断，而且也不能将它概括为虚假。

我们将看到，沿着尼采的思路，后现代主义哲学家们相继否定了真理与虚假的二元对立。这反过来又导致人们重新评估艺术与真理之间的关联，或"非关联"。

蒙蔽即是真,真即是蒙蔽

后现代主义者对柏拉图的这种批评,可以追溯到西方古典主义时期。古罗马学者**老普林尼**(Pliny the Elder,23—79)在《自然史》里讲述了一则故事,故事描述的是公元前5世纪画家宙克西斯与帕拉西乌斯之间的一场比试。宙克西斯画了一串非常逼真的葡萄,就连飞鸟都纷纷被吸引过来。

可是我却打败了他。我的办法是画上一层几乎以假乱真的薄纱,于是宙克西斯对我说:……

好了,你把它揭开,让我们看看你在这层纱后面画了些什么。

宙克西斯愚弄的是鸟类,而帕拉西乌斯则蒙蔽了同类。

柏拉图一直坚持认为,真理与虚假是对立存在的。宙克西斯的绘画引起真假混淆,就是这个观念的佐证。但帕拉西乌斯却提供了一例反证,他的举动表明:蒙蔽即是真,而真即是蒙蔽。法国心理分析学家雅克·拉康格外中意于这个故事,他在20世纪六七十年代的历次学术讲座里都引用过它。

亚里士多德的《诗学》

《诗学》(Poetics, 约公元前335年成书)是希腊哲学家亚里士多德(Aristotle, 公元前384—前322)的著作。它提供了柏拉图之后最为丰富的艺术分析。相比柏拉图对艺术的谴责,《诗学》堪称是一种回归,并且也为现代美学奠定了基础。

这本书并未采取柏拉图式的做法,它没有集中关注艺术、不朽和真理之间的关系……

……而是关注了人们在体验艺术作品时的愉悦、理解和情感的状态,以及它们之间的互动。

此外,《诗学》探讨的内容还包括:艺术作品与真实之间的关系可能会引发哪些问题。

就像柏拉图一样，亚里士多德也是凭借"模拟"或"模仿"这一概念形成了关于艺术的各类观点。

然而我对这一概念的解释，却与柏拉图存在着显著的差别。

我没有兴趣根据艺术对真理的表现程度，或是根据它的道德价值来进行评估。

亚里士多德驳斥了柏拉图的观点，即艺术是扭曲真实的一面镜子。他对艺术的分析角度，是它如何能够引发情感，尤其是那些愉悦或痛苦的情感。

艺术与观众

亚里士多德论述道：艺术的模拟式结构，从根源上产生于艺术作品（诗歌、戏剧、绘画、雕塑、音乐与舞蹈）与观众之间的互动。他强调的事实是：艺术品具有自身的结构与形式，它们与真实之物的结构与形式各自独立。

戏剧围绕着情节而运转，而情节则与人物角色以及他们的行动有关……

……音乐是以音调、节奏与旋律的结构为基础。

由于艺术具有内在意义上的结构与组织，所以亚里士多德辩称：艺术处于一种**虚构**状态，而不是柏拉图以为的**虚假**状态。

艺术与现实

尽管艺术拥有自身的独立结构和形式,但亚里士多德却建议:应当从经验与生活中提取出一系列概念,并以此让观众理解和评估艺术,最终实现对它的欣赏。

在诗歌与悲剧当中,我们会邂逅各种观念:目标与抉择、成功与失败、荣华与苦难、善与恶、罪过与无辜。

亚里士多德声称,观众持有这些观念,并把它们加诸艺术作品。反过来,他们又会受到艺术作品里相关表现的影响。

亚里士多德坚称：艺术的虚构性质，使得人们有可能感受并欣赏现实当中那些缺少吸引力甚或是痛苦的事物。

我们心怀愉悦地端详那些获得了最精确表达的形象，即使它们所代表的事物在现实当中让我们看起来感到不适，例如最卑污的动物，以及尸体的模样。

对于艺术作品的体验有别于现实，但艺术的情感效果则有赖于它与现实之间的关系。同样，艺术作品的物质形式，例如颜色、形状、词语、韵律、舞蹈样式，也都根源于现实。

宣泄

亚里士多德运用上述有关艺术虚构性质的观念,对悲剧引发的各种情感进行具体研究,从而形成了他"宣泄"理论的基础。亚里士多德体察到悲剧引发观众同情心与畏惧感的方式——对于雅典的观剧者来说,面对着舞台上的表演而当众哭泣,是一件寻常之事。

当英雄遭受重大的命运逆转时,尤其能够唤起观众的这些情感……

……例如,在索福克勒斯的剧作《俄狄浦斯王》里面,当俄狄浦斯发现妻子伊俄卡斯忒其实是自己母亲的时候。

最初揭示俄狄浦斯身世真相的信使前来宣告喜讯,让整部悲剧的情势变得更加严峻。

所谓宣泄,就是在这个悲剧性逆转出现时,观众对俄狄浦斯的同情心被唤起。亚里士多德辩称:戏剧的虚构状态,在观者与悲剧英雄之间制造出一种距离感。正因为如此,他们才可能去欣赏悲剧,并从中获得审美的愉悦。

中世纪美学

当基督教在西方崛起并取代异教时[罗马皇帝君士坦丁(the Emperor Constantine)在337年皈依基督教],美学与美的问题即被归入神学论辩的范围。这些论辩围绕着某些问题展开,例如上帝是否从无到有地创造了宇宙。

由此而产生的一个激烈冲突,即怎样看待上帝与人的关系。上帝被认为是绝对完美的最高存在,而他的不完美创造物——人类,却被禁锢在亚当和夏娃在伊甸园堕落之后产生的原罪当中。

这一冲突的深层根源,是"绝对存在"的"形而上—超验"境域,与人类栖息的"感觉—物质"境域之间的古典式区分。

神学的定时炸弹

神学家们努力协调这两者间的差异,但也不断隐约地意识到:(人类体现出的)道德不纯粹性,让上帝自身的绝对纯粹性,乃至他的存在本身都打了折扣。灵魂重生的皈依者**圣奥古斯丁**(St Augustine,354—430)和多明我会修士**圣托马斯·阿奎那**,对柏拉图与亚里士多德的哲学进行了调和,试图使之符合基督教教义的要求,并用来解决那些形而上学的悖论。

> 这个神学谜题,就像是基督教信仰怀抱里一颗随时会被引爆的炸弹。

弗里德里希·尼采

> 当我在19世纪末宣告"上帝已死"时,终于引爆了这颗炸弹。

秩序之美

奥古斯丁和柏拉图一样,也相信宇宙间存在着潜在的形而上形式与秩序。对于奥古斯丁来说,对于形而上学的这种信念应与上帝有关。他认为任何具有秩序感与完整性的事物都是美的,因为它反映了更高的秩序。奥古斯丁格外感兴趣的,是具有数字秩序与比例感的物体和形式。

奥古斯丁回避了传统基督教在感官愉悦与不道德之间建立的联系。他将美的欣赏与理性和心思相结合。他对数学比例亦有同样的兴趣。他认为，与嗅觉或味觉所关联的愉悦比较低级，因为它大抵不具备任何智性的品质。

如果一个人说某样东西闻起来较为理性，或是尝起来比较理性，就会被人笑话。

奥古斯丁稍许偏离了柏拉图的立场，他对艺术家和剧作家的态度略显大度。他声称，艺术不能够表现更高的真理，未必是艺术家和剧作家的过错。

托马斯·阿奎那

对于圣奥古斯丁来说,无论是希腊还是罗马的古典文化,在当时尚属于鲜活的文化。然而到了 10 世纪,由于对古希腊知识缺乏了解,加上对异教信仰的排斥,古典文化在人们的视野里几乎消失殆尽。不过在 11 世纪时,柏拉图与亚里士多德的著作文本再次以译文形式出现。到了 13 世纪,托马斯·阿奎那(St Thomas Aquinas)正是通过这些古代作者去寻求灵感。

继亚里士多德之后,我继续探究了体察者与美感经验之间的关系。

这是有别于奥古斯丁的新柏拉图主义哲学。奥古斯丁的哲学将体察者排除在外而不予考虑,并将感官之美视为对上帝自身之美的模仿。

美与认知

在阿奎那看来,美制造出一种和谐安逸的状态。这种状态并不完全来自于视觉体验,而是产生于**认知**(知晓的能力)对于美的体察活动中。

认知提炼出事物的根本形式,由此而产生心思与存在的和谐状态。

就像圣奥古斯丁那样，阿奎那关于美与认知的理论，表明他意图将美的体验与智性而不是感觉联系在一起，从而让这种体验在基督教神学体系之内获得认可地位。阿奎那进一步陈述道：正如圣子总是与灵性之光相关联，智性也是灿烂的光芒。

诗歌和音乐是中世纪时期的讨论对象，并且被归入"**七艺**"（the seven liberal arts）的概念范围。"七艺"包括文法、辩证法、修辞学、算术、音乐、几何与天文。

作为宗教教化的艺术

中世纪文化在一定程度上广泛存在着对罗马艺术传统的质疑,因为这牵涉后者的偶像崇拜问题。但在中世纪的某些时期,也有人替塑造圣像的做法进行辩护,认为它具有必要的谕诫(教导)功能。

一个人对圣像显示崇敬,表明他崇敬圣像所代表的主体。

在拜占庭时期的君士坦丁堡(4至15世纪),艺术作为基督教会展示神圣力量的一种象征手段,频繁表现出宗教的庄严感,从而获得了重视。到了西方中世纪末期的14至16世纪,艺术作为信仰教化的辅助手段,赢得了更多公众的欢迎。就连那些宏伟的哥特式大教堂,也都具有某种宗教解释的功能,它们隐含了上帝即是宇宙建筑师的理念。

艺术与忧郁

中世纪的教条认为,人的思想与生理状态受制于四种体液:多血质、胆汁质、粘液质和抑郁质体液。四种体液的最后一种,与退避、郁闷和疯狂状态存在着关联。然而在 15 世纪晚期,诸如佛罗伦萨人**马尔西利奥·费奇诺**(Marsilio Ficino)等具有新柏拉图主义思想的学者则坚称:忧郁状态对于智性的创造来说至关重要,它从根本上来说是一种灵性感觉。

忧郁与学者及艺术家从事研究或艺术实践时所需的孤独存在关联。

暗夜学派

忧郁的观念,被 16 世纪晚期伊丽莎白时代的英国诗人们倾心接受。他们包括**艾德蒙·斯宾塞**(Edmund Spenser,1552—1599)、**乔治·查普曼**(George Chapman,1560—1634)、**沃特·拉雷**(Walter Ralegh,1554—1618)和其他"暗夜学派"成员。民谣作者**约翰·道兰**(John Dowland,1563—1626)创作了很多首献给忧郁的歌。他的《让我栖居在黑暗之中》包括以下诗句:

> 与我的悲伤结为眷侣,以我的陵寝为床,
> 噢就让我像死者一样活着,直到死亡真正来临。

德国画家**阿尔布雷希特·丢勒**(Albrecht Dürer,1471—1528)在《忧郁》(一)(*Melancolia I*, 1514 年)这幅画中创作出"忧郁"的完满形象。丢勒笔下的这位天使,身体姿势介于活泼与懒怠之间,她正在思索那些包围笼罩着智性劳作和天才的黑暗、阴郁特质。

文艺复兴美学

在文艺复兴时期(大约从 13 世纪持续到 17 世纪),意大利的艺术评论家重新启用了源自柏拉图与亚里士多德的古典"模拟"概念。从字面上说,"模拟"意味着模仿,它是"默剧"(mime)一词的来源。建筑师**莱昂·巴蒂斯塔·阿尔伯蒂**(Leone Battista Alberti)在文集《论绘画》里运用了"模拟"这个概念,其中涉及艺术对自然效果与"真实"面貌的追求。

画家只关心如何表现他看到的东西。

但任何模仿同时也应该是一种基于伦理与宗教理想典范的诠释。

作为哲学的绘画

列奥纳多·达·芬奇（1452—1519）的诸多笔记表明，他认为绘画是自然哲学的一个分支。列奥纳多的重点所在，是那些可以通过视觉了解的事物。他将眼睛称为"灵魂的窗口"。与柏拉图不同的是，列奥纳多极度重视艺术可以充当自然与现实之镜的观点。原因在于，他相信自然是神圣创造的一部分。

然而，我并不认为绘画仅仅是一个照镜子的过程。

和我一样，他明确要求艺术家应当对各种表象加以诠释，并形成相应的意义。

列奥纳多对于事物在视觉中的呈现方式以及自然的法则都饶有兴趣，为此他开始着手研究解剖学、物理、几何与透视法。

市民阶层的兴起

文艺复兴时期的社会经济语境,根源于资本市场的扩展和市民阶层的兴起。这些情况导致出现了经济学意义上更为激烈的个人竞争。艺术家纷纷争取各自的赞助人和酬金。像拉斐尔(1483—1520)这样的画家,就时常担任一些艺术创作项目的总监,并通过大型的商业化工作室和一大批助手来完成具体工作。

艺术家的传记

文艺复兴时期兴起了一种崭新的传记文类。其中名气最大的,是**乔吉奥·瓦萨利**(Giorgio Vasari,1511—1574)撰写的《意大利最杰出建筑师、画家与雕刻家之生平》(1550)。书中讨论到文艺复兴时期一些最负盛名的艺术家,包括乔托、列奥纳多与米凯朗基罗等人在内的生平事迹。

瓦萨利的人物传记提高了艺术家的社会地位。

这反映了一种新的观念:建筑、绘画和雕塑被视为"通识教育"的内容,而不是手工活或技术工艺。

基于这一变化,艺术创造力或原创性的观念,在古典时代以来第一次得到了讨论。尽管当时对艺术家能力的评估依据,仍然是他们对宗教与形而上理想典范的创意表现方式。

古典主义知识型

法国哲学家**米歇尔·福柯**（Michel Foucault，1926—1984）在他的著作《词与物》（英译名 *The Order of Things*, 1966）里辩称：文艺复兴以及紧随其后的时代文化与观念，都属于"古典主义知识型"所形成的知识与价值体系的一部分（"知识型"是指某个知识体系）。

在现代知识型兴起之前，古典主义的知识型曾经盛极一时。

它反映了15世纪至18世纪统治着欧洲的绝对君主制意识形态。

主体

古典主义知识型认同基督教有关最高存在（上帝）的观念，以及君王统治的绝对主义观念，继而设定了一个超验、客观的"心思"或"主体"的理想化样式。在这一时期的绘画当中，特别是在南欧，"主体"无论是从字面还是比喻意义上，都像全能的上帝一样面对着画中世界。例如，拉斐尔的《雅典学园》（1510—1511）里就为"主体"保留了一个中心位置。"主体"既是画作的观看者，也是画作的表述对象。

"主体"可以想象自己混迹于画像内的众多哲学家当中，并体察他们所代表的超验智慧。

在南欧的绘画作品里，透视法的运用，强化了具有君临感的观看主体的观念。透视法的发明通常被归功于阿尔伯蒂。正如他在1435年的论述中所说的："画家的职能就是采取一定方法来绘制特定形体：在固定距离内，以某种角度，让你眼中所见的被表现之物显得鲜明生动，而且酷似那些形体。"

在拉斐尔这幅画作《圣母的婚礼》里，所有物体形象都在一个匣子似的空间里相互搭构出特定比例。以这种方式来结构透视线条，可以让观看者身临其境地完成被表现场景，并成为这个场景的要素与核心。

君临式的眼光

福柯在《词与物》里指出：**迭戈·委拉斯凯兹**（Diego Velázquez, 1599—1660）的杰作《侍女们》（*Las Meninas*），标志着西方文化里"君临式眼光"或"主体"意识形态的巅峰。委拉斯凯兹这幅画作的主旨，是要描绘一位年方五岁的玛格丽塔·特蕾莎公主。从画面的前景里，可以看到她和身边几位毕恭毕敬的侍女与宫廷侏儒。小公主身后站立着几位朝臣以及王后的内侍。在小公主这一侧房间后墙上的镜子里，可以看到国王菲利普四世与妻子的身影。

国王与王后被安排在画面场景之外,从而占据了与观看者相同的位置。《侍女们》隐含的内容是:小公主及其随扈正在拜见父王和母后,而这对父母正在让委拉斯凯兹为他们绘制肖像(画家在前景左侧描绘了自己站在画架前的工作形象)。

国王与王后脱离了主要的场景,这似乎是与古典主义知识型的决裂宣言。

但《侍女们》当中包含的眼光,仍然完全取决于国王与王后:我们看到的和他们看到的恰好一致。

纵然是阿卡迪亚,亦有我在

尼古拉斯·普桑(Nicolas Poussin,1594—1665)的《阿卡迪亚牧羊人》(1638)里也明显存在着近似于委拉斯凯兹画作的意识形态。法国艺术史作家路易·马汉(Louis Marin)在 1980 年曾经分析过这幅作品。画中有几位牧羊人(作品也因其而得名),他们发现了铭刻在一块墓碑上的隽语,内容是:"纵然是阿卡迪亚,亦有我在。"(*Et in Arcadia Ego.*)

墓碑铭文让几位纯真安逸的牧羊人意识到死亡的存在。除了这个严酷直白的信息之外,这幅画还包含了一种取悦于"主体"的策略技巧。这里的"主体",是指作品的订购人与拥有者——枢机主教罗斯庇格里奥西。那位解读铭文的牧羊人手指的字母"R",正是枢机主教名字中的第一个字母。它被题写在画作正中央的位置。

帝国主义主体

委拉斯凯兹与普桑画作里共同支持的观点是：有一位"主体"在掌控着视野；同理，这位"主体"也掌控着世界。这种"主体"的意识形态，最早源于帝国主义性质的社会，例如古埃及社会。这些帝国主义社会里的主导意识，是要对外部文化采取一种本质上具有侵略与军国主义属性的姿态。它们认为外部文化是其征服与经济掠取的潜在目标。在最极端的情况下，这些社会还禁止内部成员与其他文化群体的通婚，以便维护自身种族的"纯洁"。

在这些帝国主义的例证中，"主体"概念都是围绕着种族纯洁性的意识形态建构而成的。

资本主义与他者

自文艺复兴以来,随着西方资本主义的兴起,它们对待外部文化时的另一种不同态度也逐步形成。帝国主义的征服仍在延续,并且形成了英、法、普鲁士等帝国的基础;但另一方面,为了扩大商品生产量与资本主义市场,与非西方社会建立经济关系的做法也受到了鼓励。

帝国主义与其他文化和种族的经济关系,只是一种侵略行为。

然而,只要资本主义能带来经济收益,也就是在促进经济往来。

在当代哲学中，有关"主体"与相异者之间关系的议题，被命名为"他性"。这个词汇源自拉丁语 alteritas, 意即"是其他的"。"他性"不仅牵涉种族与性别问题，而且还牵涉所有差异的形式。在这个语境下，"他者"所表明的观念，就不仅是歧异，而是一种绝对差异。从定义上来说，这种绝对差异是不可知的，因此也是**不可表象**的。

同理，与他者之间的任何关系，也是不可表象的。这样就不会给掌控一切的主体留下任何余地。

雅克·德里达

启蒙运动

在18世纪的欧洲全境，帝国主义与绝对主义的意识形态开始受到普遍质疑。宗教也同样被人们投以怀疑主义的眼光。这样造成的后果之一，是普鲁士哲学家**伊曼努尔·康德**（Immanuel Kant，1724—1804）发出宣告：哲学问题无涉于上帝及其公认的存在。康德、**德尼·狄德罗**（Denis Diderot，1713—1784）以及**让-雅克·卢梭**（Jean-Jacques Rousseau，1712—1778）等其他欧洲哲学家都信奉一种全新意义上的世俗的"启蒙运动"。尽管如此，"他性"问题仍然还是一个症结点。

康德的批判哲学

康德在18世纪80年代创建他的"批判"哲学（包括三部著作：《纯粹理性批判》《实践理性批判》以及《判断力批判》）。在回答"什么是知识"这个问题时，他倡导的是：知识是在与他者进行交流或"聚合"过后方始形成。康德的伟大成就在于他承认：新的知识，有赖于同**不可知之物**展开交流；否则这项知识不会成为真实的新知。不过，尽管康德承认这一点，却仍然坚称：掌控性主体可以为知识体系的规划而创制各项条件。

我称之为"先验的"（*a priori*），意思是它始终被先行赋予。

判断力批判

康德的"第三批判",即《判断力批判》(1790),属于第一批完全致力于感觉与情感体验研究的哲学论著。这类研究后来被称为美学。在此之前,从柏拉图到启蒙时期,美的评估标准,一直是参照形而上世界的理想典范,以及这些典范在自然或人心里留下的印迹。但康德却承认(至少是开始承认),有关美的欣赏完全是**主观性的**。

有些人可能喜爱玫瑰花的外观,而有些人可能不喜欢。

尽管如此,我认为所有关于美的讨论,都具有一个普适的维度……

……因为,问题最终将诉诸于参与者投射出的群体共性,即"共同感觉"(*sensus communis*)。

虽然康德表示,情感经验并不涉及某个概念,或者是非认知性的,但他仍然坚称:美是由经验与智性之间的和谐对应构成的。

崇高

康德在完成美的分析之后,还探讨了与他者融合的情感经验之原委。为此他重新使用了"**崇高**"这一概念,这个概念自一世纪中期希腊修辞学家朗吉努斯(Longinus)使用之后就已经逐渐被弃置。"崇高"是一种受到完全震慑并失去自控的经验。在提供相关例证时,康德谈到了庞大宏伟的建筑给人造成的眩晕感(例如金字塔或罗马圣彼得教堂的内部结构),这就是"数学式的崇高"。同样,他还谈到了由蛮荒自然引发的死亡恐惧……

然而，康德坚持认为崇高并不依赖于某个对象，因为崇高同时超越了认知与感情的把握范围："它"（即崇高）是不可表象的。康德建立这一概念的后果是：掌控性主体会在某一次经验盈余之际消散。不过康德却回避了这样的结论。

康德引入愉悦情感的讨论，目的是想给体验崇高赋予一种积极的价值，这样可以避免主体因之而产生不可逆转的改变。实际上，康德表明的是：主体可能会对他者产生畏惧。这种畏惧情有可原，并且始终超越了他者自身的真实可畏程度。

普适的理性

康德在关于"崇高"的理论里毅然声称：任何与相异和未知之物的邂逅，从定义上来说都是不可再现的。这一观念影响到后来的哲学家，例如尼采、海德格尔、巴塔耶，以及后现代的哲学们。不过，康德最终仍试图合理解释自己何以涉猎到"未知"的讨论。他说：归根结底，"崇高"受到了一种名为"理性"的半宗教概念的辖制。

我认为理性等同于我自己对人类卓绝智性的信任。

理性可确保有关美与崇高的美学判断能够保持自由立场，并且能够脱离功利，因为这些判断乃是取决于心智的卓越。

康德关于美学判断"脱离功利"或纯粹自由的观念，对浪漫主义和现代主义美学都带来了影响。尽管他的这些观念后来也遇到了现代主义哲学三大家尼采、弗洛伊德和马克思的挑战。

不可知之物

康德在《纯粹理性批判》(1780)里陈述道:知识具有各种局限。对于有些"事物"的了解,知识也无能为力。他将这种逾限之物(excess)称为"物自体",意味着它是不可知的。康德表示:物自体"标示着理性知识的边界"。他没有意识到的是:物自体的概念让界限本身不复存在,并让"理性知识"自身存在的可能性也大打折扣。因为,人不可能根据不可知和不可表象之物来定义知识。

黑格尔与普遍意识

像康德一样，德国哲学家 **G. W. F. 黑格尔**（G. W. F. Hegel，1770—1831）也认识到：情感和人类生存状态中的一些基础经验，已经逾越了理性把握的范围，并因此不可再现。康德将这些经验命名为"崇高"。黑格尔则认为，它们必须被划归到"非存在"的名称范畴里。

我将"非存在"与死亡以及人类和宇宙的有限性相关联。

黑格尔是一位基督教哲学家。正因为如此,他才相信:死亡与有限性是由上帝决定的,而且是上帝神圣计划的一部分。

我继承了这个持续了百年之久的神学难题:如何协调不朽存在的上帝与有限性以及非存在之间的关系。

黑格尔的解决办法是提出以下建议:人类终将认识到,无法再现"非存在",是自身的宿命。这样他就会产生一种新的意识或"精神",即将这一前提视为上帝的赋予而完全接受。

象征主义、古典主义与浪漫主义

黑格尔确信,引领人们走向精神黎明的历史进程共分三个主要阶段,并且也反映在艺术发展史上。象征性的艺术,指向精神但又不能充分地再现精神。这个阶段的艺术采取了一种再现性的形式(人类或动物),或寓意形式。下一阶段则是古典艺术,黑格尔在这里专门指的是古希腊雕塑。

最后是基督信仰阶段(我称之为浪漫艺术)。

对于黑格尔来说,这些艺术阶段代表着一种不可阻挡的发展方向。它们最终的目标,是认识到人类不可能对"非存在"予以再现或概念化。

黑格尔相信,这种认识意味着人们将不再需要艺术。

人类难以对"非存在"进行概念化,这种局限造成了知识的残垣废墟,而黑格尔则从这堆废墟里拯救出某种意义感:在他看来,人类受到的这个限制,表明了一种认识观念,即应以敬畏之心来看待"非存在",并将它视为一种神圣智性存在的证明。这种神圣智性可以在自身之内调和对立的因素。黑格尔求助于某种神圣与超验的秩序,并将它作为整合所有经验形式的途径(甚至还包括那些无法表象的经验)。但自19世纪以来,这种做法日益遭受到其他哲学家的攻击。

现代美学的起源：尼采、弗洛伊德与马克思

黑格尔尚未脱离某一种神圣计划的意味：据信这个神圣计划塑造了所有经验，甚至是那些逾限或不可表象的经验。但**弗里德里希·尼采**(Friedrich Niezsche，1844—1900)、**西格蒙德·弗洛伊德**（Sigmund Freud，1856—1939）与**卡尔·马克思**（1818—1883）的著述中解释经验时，则不再诉诸于神学，或有关合理和理性的现成观念。最主要的是，这种做法意味着要推翻各种传统意义上的主体观念。按照这些观念，主体取决于一个更大的整体，并且是后者的一部分。

我追寻探讨的是，康德在"崇高"与"物自体"理论中首次触及的"他性"概念所带来的一系列激进后果。

马克思和我都各自批评过经济学与精神分析领域内有关控制和意识的观念。

后果之一，是那种完整统一的、能够把握自身经验的"主体"观念开始分崩离析。

通过各自不同的方式，这三大著述者奠定了现代与后现代主义哲学与美学的基础。

尼采与一切价值的重估

尼采大胆抛弃了主体与他者之间的假设对立;在黑格尔那里,仍然还保持着这种对立关系的残留。

尼采将自己的哲学描述为"重估一切价值"。在他的哲学里,不可表象之物否定了概念相对(包括真理与虚假的相对)以及固定再现形式的全部可能性,因为绝对的虚假(柏拉图的假象概念)甚至无法与真理进行比较。尼采在《偶像的黄昏》(1888)这部著作中指出,这个认识标志着"最为恒久的谬误得以终结"和"人性的高处"。

太阳神与酒神式的能量

在尼采看来,真正的社会创造潜能已经被抑制了数千年之久。自希腊早期作家以来(包括荷马和公元前 5 世纪的悲剧作家埃斯库罗斯和索福克勒斯),情况一直如此。尼采欣赏这些人的作品,认为它们拥有一种以韵律和乐感表达的原欲力。他发现构成了这种原欲力的,是两种相对却又相互促进的精神倾向:**太阳神式**(阿波罗式)的倾向于形式与外观,而**酒神式**(狄奥尼索斯式)的则倾向于迷狂与放纵。

我格外推崇后一种倾向,并认为它是无意识里生发出来的一种原欲或本能力量。无意识的反对对象,是固定的价值与形式。

由于酒神文化倾向可以接受矛盾冲突，尼采相信它能够取代那些道德规划，并随之减少因察觉到"外部"威胁而产生的恐惧。在尼采修正过后的术语体系里，"美"意味着一切具有概念及道德确定性的对立关系的坍塌。

"美"存在于所有的等级秩序之外，因为各种对立在"美"当中得以驯服，它们的紧张关系更是不复存在。

不再需要任何暴力，一切皆以如此轻松愉悦的方式遵循与服从——这就是让艺术家的权力意志得以愉悦的原因。

在尼采看来，权力意志是一种能力。它包容变化，以及新奇或异样之物，并将其转化为创造力。权力意志这一概念后来在20世纪30年代被德国纳粹加以曲解。纳粹认为它反映了自己的"雅利安至上论"的意识形态。

变化的迷狂

在尼采的预见中,人类具备忘我和易变的潜能,可以不断投身于颠覆、改变既定价值的行动,而不至于重新沦落返回到形而上学的悖论之中。在 1888 年的笔记里,尼采简要描述了这种迷狂状态的过程。

弗洛伊德与心理分析

在奥匈帝国中心维也纳工作的这一时期内,西格蒙德·弗洛伊德通过建立无意识的观念,削弱了所谓主体对自身的思想和行动具有意识与掌控能力的论点。

统一的主体,是自我(Ego)在无法认清心理深层次的冲突时形成的虚幻产物。

这些冲突的根源在于各种家庭关系,以及所谓"俄狄浦斯情结"。对于孩童来说,"俄狄浦斯情结"在他们身上培养出对父母和后代既爱且恨的分裂情感。

在弗洛伊德看来，主体个性心理的形成始自性别意识。然而这种意识会给主体带来焦虑、嫉妒和惧怕等情感，而这些情感往往又被埋藏在无意识之下。对于弗洛伊德来说，心理分析诊疗的目的，是为了帮助患者认识到性的差异，并去探索自身被压抑住的冲突情感。

弗洛伊德"发明"的无意识概念彰显出一个事实：在任何时刻，人的心理之内都有意识尚未觉察到的东西。在无意识里，还有许多未经解决的情感与经验，它们形成于孩童时期，并且影响到成年阶段。

对于弗洛伊德来说，主体性处于碎片状态，且是不连贯的。

在现代时期，这种碎片化主体性的感觉体现为对拼贴手法的运用，即**巴勃罗·毕加索**（Pablo Picasso，1881—1973）和**乔治·布拉克**（Georges Braque，1882—1963）的立体主义，以及**詹姆斯·乔伊斯**（James Joyoe，1882—1941）不拘形式的文学风格。

升华

意识里包含着一种持续不断的努力,它让碎片化的经验产生意义,并且通过理解和语言而使之成形。根据这个想法,弗洛伊德发展出一套有关艺术再现与变形的理论,并将其称为"升华"。"升华"通过各种叙事与再现,为遭受抑制的无意识情感赋予了形式。

作为这一观点的例证,我格外赞赏米凯朗基罗的摩西雕像。

通过再现行为和艺术作品,为这些情感赋予形式。这是一种文化成就。

弗洛伊德觉得,这尊雕像体现了先知摩西如何克服自己对族人的愤怒情绪,以便保留住那件用来界定他所属族群的象征物(即镌刻了《十诫》的石板)。人们可以看到摩西已将石板稳稳地夹在右臂下面;而在最初的愤怒状态下,他曾经失手掉落了这两块石板。

在许多情况下,弗洛伊德将艺术作为一种无意识欲望与恐惧的症状而进行分析。在一篇讨论列奥纳多·达·芬奇的文章里(1910),弗洛伊德谈到了画家的图稿《圣安妮、圣母子与施洗者约翰》(约 1498 年),以及他如何格外惊异于画中两位女人怪诞的视觉效果:她们的"脑袋似乎是从同一个身体里生长出来的"。

这种九头蛇怪(Hydra)的形象是两位女性的基本构图。一开始时它可能不会被人察觉,但一经发现,就足以表明列奥纳多的无意识里具有对女性的恐惧感。

马克思与资本主义的异化

尽管马克思的著作主要是与政治经济学有关,但由于它们将艺术生产的种种条件与可能性,以及更广泛的人类经验进行了概念化,从而对现代主义时期产生了深远的影响。马克思在《政治经济学批判大纲》(1857)和《资本论》(1867)里辩称,在现代资本主义社会,人不仅异化于自我,而且还异化于自己拥有的人性发展可能性。

这是因为,绝大多数的人(无产阶级)无法把握自身的劳动力价格。

……因为财产与生产资料(资本)是由资产阶级拥有和掌控的。

在这个分析基础上,马克思呼吁在全世界掀起一场革命性的改变。

艺术与资产阶级

马克思有关艺术的少量论述,关系到他对资产阶级价值与观念的批判。马克思辩称,希腊艺术的持久魅力,并不是像资产阶级所宣称的那样具有永恒性。

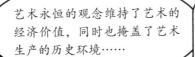

艺术永恒的观念维持了艺术的经济价值,同时也掩盖了艺术生产的历史环境……

……而这些环境里存在着各种阶级差别。

马克思指出,希腊艺术持续获得欣赏的真正原因,是它的生产时期正处于西方文明的黎明阶段,亦即后者的"孩童期"。因此,人们对这个"纯真"年代里的产品存在着某种怀旧之情。

马克思相信，神话对于希腊人来说至关重要，因为它可以解释那些不可预测的自然力量。他问道，那么艺术在现代社会的功用又是什么？为此他辩称：艺术已经不再具备它在希腊社会时的同等功用，因为人类已经通过技术获得了掌握自然的能力。

因此，现代艺术要求艺术家具有一种独立于神话之外的幻想。

马克思指出，这种"独立幻想"的才能涉及两个方面：一是想象能力，它可以用科学技术无法企及的方式再现世界；二是领悟能力，它可以理解所有涉及阶级不平等现象的普遍意义。

唯美主义

当尼采在德国埋头写作的同时,英国人正在对另一种不同的、更具贵族气质的古希腊文化观念进行探究。这就是**泛希腊主义**。在当时的背景下,泛希腊主义代表着一种沉浸于艺术和美,并且超越了道德或伦理问题的生活。**沃特·佩特**(Walter Pater,1839—1894)宣称:生活的目标就是"一直以执著的、宝石般的火焰而燃烧",并且用热情洋溢的经验来充斥每一时刻。佩特在《文艺复兴:艺术与歌的研究》(1873)这部著作里,将经验本身作为艺术的目标而大加颂扬。

我称颂一切类似于这样的事物:它们从你的片刻时光里经过,只是为了赋予其最高的品质,并且仅仅是为了这些时刻。

佩特的哲学促进了唯美主义者观念的发展。**奥斯卡·王尔德**在小说《道林·格雷肖像》(1891)里依此描绘出花花公子亨利·沃顿爵士的形象。小说讲述了一个企图永葆年轻英俊的故事。王尔德本人也表现出对于唯美主义理想典范的信奉，他在小说序言里挑衅性地写道：

然而，《道林·格雷肖像》里同名主人公的沉沦下场却表明：当一个人的生命力求越过良知道德界限而实现感官满足时，即意味着崩溃与自我毁灭。

王尔德在《道林·格雷肖像》序言里声称"所有的艺术都一无所用"，这经常被看作是"为艺术而艺术"这一意识形态的呐喊。根据这个观点，艺术作品与意识形态、政治与道德关注都毫不相干，或者说是对它们的超越。

"为艺术而艺术"观念的产生，直接针对着商业化的资产阶级价值观。而维持着这些价值观的，则是利润创造与交换价值所形成的资本主义体系。

由于宗教主题艺术在 19 世纪晚期和 20 世纪的缺位，"为艺术而艺术"显示出一种准宗教的意味。

现代主义美学

王尔德所代表的唯美主义,从属于另一个范围更广的意识形态类型。这个意识形态宣称艺术作品是自主的,并且脱离了物质主义的关注。它在20世纪开始积聚能量,并且渗透到现代主义时期相当大的一部分艺术话语当中。

我们现代主义者通过强调各种形式价值与精神价值来诠释自己的艺术。

罗杰·弗莱(Roger Fry,1868—1934)

通感

现代主义关于经验存在于自身并且自主形成的观念,系由画家**瓦萨里·康定斯基**(Wassily Kandinsky,1866—1944)在他的"通感"理论里阐发出来。康定斯基相信,在各种感觉之间存在着呼应(通感,或联觉),结果是能从颜色里看到音乐般的效果。

这些确信艺术品的本质属于纯粹体验性的观点,被认为是反对资产阶级的物质主义的。然而,在一些特殊情况下,现代主义艺术家也并不忌惮表达自己对资产阶级价值观的忠诚。画家**亨利·马蒂斯**(Henri Matisse,1869—1954)在1908年宣称:

我梦想着一种平衡、纯粹与庄严的艺术。它可以适用于每一位脑力工作者,而无论他是商人或作家。它就像是一把供人休息的优质扶椅。

浪漫主义

　　艺术作品自治的观念，源自康德有关审美判断力的自由与"非功利性"的观念，以及随后在 18 世纪晚期和 19 世纪早期兴起的浪漫主义运动。

　　根据故事记载，画家**约瑟夫·透纳**（Joseph Turner，1775—1851）为了亲身体验风暴，曾将自己绑缚在船桅上。法国浪漫主义画家**西奥多·杰利科**（Théodore Géricault，1789—1824）经常冒着生命危险以鲁莽的方式去骑马，以便知晓马匹以及人与马的关系。

浪漫主义者在有些方面比较恣意率性，这是他们自我放纵和追求男子气概的体现，但这也跟某种关乎命运与悲剧的深刻感觉相关联。这种感觉就像是康德最初那些有关崇高的观念，它着重强调人性的脆弱与无助。这种宿命感也经常表现在艺术家对人与大自然相抗争的冷峻描绘中。例如席里柯的《梅杜莎之筏》(1819)，以及**加斯帕·大卫·弗里德里希**（Caspar David Friedrich, 1774—1840）的《沉没于极地的希望号》(1824)等画作。

与之相当的悲观宿命感，也体现在**托马斯·哈代**（Thomas Hardy, 1840—1928）的小说里，例如《无名的裘德》(1895)。威塞克斯郡潮湿的乡间环境，为这部悲剧叙事提供了苍凉的复调式背景。

20世纪二三十年代的马克思主义美学

在整个20世纪,具有马克思主义智识传统的作家们对现代主义美学与意识形态进行了批判。他们的论点是:艺术以及普遍意义上的人类经验都不具备自治性,而是受到了**意识形态**(资本主义价值观与信念)的影响与塑造。

马克思主义者辩称:艺术或是要维护意识形态,或是能对它形成批判。

马克思主义者进行辩论时的一个主要议题,是艺术如何获得这样的批评性,以及如何表述资本主义制度下被压迫者的利益。

20世纪二三十年代,德国和俄国马克思主义者关于艺术的辩论开始兴盛。这一时期,两国正陷入经济危机。德国在政治上出现了右翼派别与共产党的两极分化,而1917年的俄罗斯革命则导致了共产党上台执政。

在这两个国家,有关艺术的辩论都集中在"现实主义"这个伤脑筋的问题上。

卢卡奇与批判现实主义

1933 至 1945 年间,正在莫斯科工作的匈牙利马克思主义者**捷尔吉·卢卡奇**(Georg Lukács,1885—1971)发展出一套与文学有关的批判现实主义理论。卢卡奇赞赏的小说作家包括**塞万提斯**(Cervantes,1547—1616)、**巴尔扎克**(Balzac,1799—1850)、**狄更斯**(Dickens,1812—1870)、**高尔基**(Gorky,1868—1936)、**托尔斯泰**(Tolstoy,1828—1910)和**托马斯·曼**(Thomas Mann,1875—1955)。

我格外赞赏巴尔扎克。

我同意马克思的观点,即巴尔扎克预见了 1852 至 1870 年拿破仑三世统治下的众多关键典型人物的出现。

卢卡奇确信，巴尔扎克帮助建立了一种刻画复杂人物性格的现实主义传统，这种刻画手法捕捉到了资本主义内部潜在运行的社会进程。但卢卡奇的论点却遭到德国剧作家**贝托尔特·布莱希特**的激烈反对。布莱希特论辩称：卢卡奇的立论没有反映出当前时代的新要求。

布莱希特式的现实主义

布莱希特(Brecht)根据自己对通俗流行的定义,将现实主义界定为:"发现社会的复杂因果关联/揭示出那些关于事物的处于主导地位的看法不过是当权者的看法/写作者的立场,是要为人类社会陷入的迫切困难提供最广泛的解决方案/强调发展的因素/让具体之物成为可能,并尽可能地从中提取出抽象内容。"

现实主义并不是什么永恒概念,而是一种受现代主义和前卫手法影响的激进、通俗的艺术。

作为一名坚定的马克思主义者,布莱希特想让观众思考他的戏剧本身复杂的政治衍生意义,而不是感到怡然自适。为了让观众保持警觉,他经常在剧场表演中突然穿插不同的舞台效果,包括叙述者、音乐、合唱、新闻电影片段、图表和多重布景等。

共产主义美学

继 1917 年俄国革命之后,共产主义者一致认为艺术应当适用于无产阶级的需要。至于这种艺术应该采取怎样的形式,却有不少的争论。这种争辩产生的根本原因,是因为马克思在概念上将社会划分为基础和上层建筑两大部分,至于这种划分的相关意义,则存在着不同解释。

我认定,社会的基础从根本上来说是经济性的……

……而上层建筑则是意识形态性质的。它的组成部分包括:各种通过哲学、法律、宗教、文化和艺术等形式而加以神圣化的社会价值、观念与假设。

继马克思之后，**列宁**（1870—1924）认为上层建筑取决于社会的经济基础，包括生产资料的分配。但是**列昂·托洛茨基**（Leon Trotsky, 1879—1940）却相信：上层建筑，或上层建筑的一些内部因素，有时候可能比经济基础具备更先进的革命潜力。

当社会生活出现革命性的突变时，无论是社会的意识形态，还是它的经济结构，都并不存在着同步的发展，也不存在着进程上的对称。

社会主义现实主义

在斯大林的统治下,苏联国内有关艺术的作用与地位的辩论遭到了冷遇。从 20 世纪 30 年代开始,苏联艺术政策的发展与托洛茨基和前卫派的倡言方向背道而驰,变得日益保守,并且努力从 19 世纪的艺术中寻找风格典型。

党必须对昔日大师们的全部技艺成就加以利用,并打造出一种适当的形式,让千百万的人民能够理解它。

类似的宣告,促成了所谓社会主义现实主义的兴盛。党逐渐将前卫艺术视为有悖于自身目标的可憎之物。

现代主义时期的美学

瓦尔特·本雅明

德国马克思主义知识分子**瓦尔特·本雅明**（Walter Benjamin，1892—1940）对简单化的左、右翼思想表示同等的反对。他在 20 世纪 30 年代有关艺术的政治功效的辩论中做出过一系列重要贡献。本雅明并不提倡宣传灌输的方式，或社会主义现实主义，也不认为简单地描绘贫穷或压迫就是激进的体现。

> 资产阶级的生产与出版体制可以吸纳革命主题里那些令人震惊的成分……

> ……实际上，它还能够宣扬传播这些成分，而不至于引发自身的存在危机。

和布莱希特一样，本雅明意图在艺术领域内实现技术激进主义，目的是为了质疑各种再现和理解观念的惯常方式。

光环

在本雅明看来，资产阶级在艺术方面采用的主要压迫手段，是先给艺术制造出一道"光环"，然后再附加以正宗、独特与创意等观念。本雅明相信，在摒除了社会语境的情况下讨论艺术美的作用，同样有助于形成这种虚假的"光环"。

> 资产阶级社会在看待艺术作品时，就好像它们是一种需要加以崇拜的神奇秘密。

> ……让它们充当宗教的一种虔敬的替代品，以便保持艺术的经济价值，以及他们自己的阶级权力。

本雅明深切地希望，随着摄影术的降临，艺术品的光环将会消失。在《机械复制时代的艺术作品》（1936）这篇文章里，本雅明宣称：

在世界历史的进程中，机械再生产首次将艺术品从它们对仪式的寄生依赖关系中解放出来。

本雅明指出：照相底片内在的可重复生产性，挑战了艺术品作为原创、独特之物的光环神话。

早期摄影的激进力量

本雅明对摄影术的研究里包括一篇关于早期摄影史的文章:《摄影术小史》(1931)。本雅明找到了这段历史上极具激进政治潜力的一个瞬间。他感觉到最初那些肖像照片的即时性(尽管照片曝光其实需要好几分钟时间),并发现照相者经常需要用头固定架与膝撑来保持端坐的姿势。

本雅明在文章里热切地讨论着这些早期肖像照,并试图传递一种超越资产阶级束缚与传统的自由体验,以弥补这些照片所无法固着并包含的内容。在讨论到大卫·渥大维·希尔(1802—1870)拍摄的一帧纽黑文渔妇肖像照时,本雅明写道:

　　"我们邂逅到某种新颖而奇异的东西……她目光低垂,带着如此慵懒与诱惑的谦和。除了可以佐证摄影师的技艺之外,这张照片里还有别的某种东西,那种无法被寂灭的东西。这种东西让你无法遏制地想要知道她的名字,去认识这个活生生的女人。即使在此时此刻,她依然真实,而且绝不会任由自己被完全摄取到艺术作品里。"

历史的碎片

本雅明相信,政治上的承诺,需要他这样的作家兼历史学家成为一名**意象主义者**。

"过去"的真实画面稍纵即逝。"过去"只有作为一个瞬间闪现的意象、在它能够被识见而且永远不会被再次看见的那一刻,才可以被捕捉到。

本雅明在他那部关于现代性渊源的历史巨著《拱廊街计划》(1927—1940)里也遵循了这句格言的精神。这一计划全部取自于众多档案资料里挖掘出的摘录语句,这些档案与1851至1970年拿破仑三世统治下巴黎众阶级身份的形成有关。本雅明并未将过去作为一个完整的故事来进行书写。在这个计划里,他通过碎片化的意象闪现,瓦解了以权威声音构建的意识形态。

西奥多·阿多诺

本雅明在 1940 年逃离纳粹统治时自杀身亡。然而，他的朋友与德国同胞**西奥多·阿多诺**（Theodor Adorno，1903—1969）却一直活到了战后，并且继续质疑启蒙运动的遗产，以及它在纳粹大屠杀过程中扮演的角色。阿多诺和海德格尔一样确信：科学与技术试图控制自然并使之客体化的努力，为榨取自然铺平了道路。浪漫主义曾经尝试通过极致体验而在现代化进程面前保持某种个体感，而阿多诺的观点则与之相反。他断言：自我是现代性的第一个牺牲品。

这个"我"是第一件商品。

纳粹死亡集中营与百万吨级的炸弹，就是试图诉诸工具理性，并且通过技术来操控主体的直接后果。

大屠杀之后的艺术?

在第二次世界大战中的一系列恐怖事件发生后,阿多诺宣称真实的历史将不复存在。在阿多诺看来,大屠杀事件是如此灭绝人性,它让任何企图再现或者理解它的行为都变得绝无可能。他相信,在这一事件过后,历史的再现总会显得欠缺,艺术也变得一无所用,并因此而在大屠杀面前显得怪诞乖张。

> 奥斯维辛之后,写抒情诗即是野蛮。

"艺术在当今有没有存在的权利?难道不正是因为社会的退化,智性退化才内在于'介入文学'这一概念当中的吗?"阿多诺在回答自己提出的这个问题时意识到:当今艺术已经处于一种悖论式的境地。在他看来,即使是**阿诺德·勋伯格**为人声和管弦乐而作的《华沙的幸存者》(1947),无论它怎样忠实于暴烈与痛苦的主题,最终也只是将受难弱化成为单纯的意象。

阿多诺认识到，美学（包括艺术表现与理论）是压迫与反抗力量相斗争的一个重要战场。他批驳了哲学意图为艺术作品提供普适理论的笼统化倾向。在《否定的辩证法》（1966）和《最低限度的道德》（1951）这些著作里，他采取了尼采作品中的警句式写法，目的是要削弱哲学在以往的种种普适化意图。

尽管阿多诺习惯表现出悲观的态度，但他对艺术品具有的潜力却保持着一种肯定，甚至是乌托邦式的感觉。

即使在最崇高化的艺术作品里，也隐藏着"它应当是其他面貌"的信息。

空心化的主体

阿多诺像本雅明和布莱希特一样,对自然主义艺术与文学持批评态度。他们一致相信:现代主义艺术与文学具有更合适的特质,可以再现资本主义制度下现代生活与经验的异化。

在弗朗茨·卡夫卡或塞缪尔·贝克特(Samuel Beckett)的文学作品里,垄断资本主义所执管的世界只是作为背景而出现……

……然而,和其他所谓更写实的文学相比,它更加忠实且更加有力地表现了主体和现实的空心化。

在阿多诺看来,卡夫卡的短篇小说《变形记》(1915)讲述一位年轻人如何变成一只巨大而无助的昆虫,是对资本主义制度下经验匮乏化的强大讽喻。

尼采式的美学

马丁·海德格尔

尼采和马克思一样，都对后世的哲学与美学形成了深远的影响。尼采的观念格外受到德国哲学家**马丁·海德格尔**（Martin Heidegger，1889—1976）的青睐。海德格尔在1936至1946年间写下了四卷本的论述尼采的著作。海德格尔相信，尼采的观念代表着"对形而上学的挣脱"。他这句话的意思是：尼采是彻底接受艺术与感觉，并且赋予它们真理地位的第一位哲学家。在这种情况下，海德格尔喜欢引用尼采的一句论述：

我们应当感激自己的各种感觉，因为它们的微妙、充盈和力量。我们还应将自己拥有的最佳精神成分回馈奉献给它们。

尼采相信，美学体验的根基在于身体的原欲力（libido）。但海德格尔却并不完全信奉尼采的生理学说式语言。他更愿意通过"存在"（Being）这一概念来分析哲学与艺术。"存在"的概念，暗指意义的飘忽不定，意义与知识之间的矛盾关联，以及一种修正过后的时空含义。在海德格尔看来，艺术则具有呈现这种矛盾的能力。海德格尔在谈论到丢勒的动物形象时表示：

他让存在自身清晰可见：在一个具体的兔子身上，就是兔子的存在；在一个具体的动物身上，就是动物性。

尽管捕捉意义是一件困难的事（例如，兔子的意义），但海德格尔相信：丢勒的艺术确实传递了关于某种动物的本质或有关其存在的一些内容。

真理的发生

海德格尔担忧的是,现代性会把我们和一种超越于功利主义考量的艺术经验隔离开来。他和阿多诺一样,在谈论艺术时采用的方法,都直接针对启蒙运动以来的倾向:这一倾向即完全根据科学对世界进行客体化并加以衡量的能力来界定真理。在海德格尔看来,这样做的后果,是形成了有关"技术"的低劣、简化的概念。海德格尔相信,艺术是发现世界与自然真理的另一种途径。

艺术是真理的发生。它让存在显现,却并不让它成为一个可以归类的实体。

海德格尔在他的文章《艺术作品的起源》（1935）里谈到梵高画的一双鞋，意在阐明他认为艺术是"真理的发生"这一观点。

"除了一双农民的鞋子以外别无他物。然而，从破旧鞋筒的黑色敞口里，劳动者的艰辛步履却跃然眼前……在这双鞋子里回荡着大地的沉默呼唤、它用成熟谷物给予的安详馈赠，以及它在隆冬田野休耕荒置时不加诠释的淡泊自抑。"

海德格尔的论点是：梵高的绘画重新创建了农民生活过的鲜活场景。由于这幅画达到了这个目标，所以海德格尔总结道：

梵高这幅画揭示了这套配具——也就是这双农民的鞋子——在真实本质上究竟是什么。

海德格尔对梵高绘画的解读是**阐释学**传统的一部分。在阐释学里，艺术作品被看作是某个更大的真实意义的线索或表征。

乔治·巴塔耶

尼采在 19 世纪 80 年代《作为艺术的权力意志》里对充满原欲力的酒神能量的想象，深刻地影响到 20 世纪二三十年代创建法国社会学学院的那一批超现实主义知识分子和社会科学家。这些人当中包括小说家兼哲学家**乔治·巴塔耶**（Georges Bataille，1897—1962）。

和尼采一样，我所认同的艺术概念，意味着达至极限的经验。

巴塔耶继续探究这一观念，并发展出一套本质上以"过度"和反功利主义为特色的哲学。

耗费哲学

巴塔耶对阿兹特克人表示赞赏。他宣称,这些人认为耗费与损失的意义要远胜于生产和积累。

奢侈、哀悼、战争、祭仪、建造耗资靡费的纪念碑、比赛、盛大表演、艺术、异常的性活动(偏离了生殖器官最终的繁殖功能),它们代表了那些除却自身之外别无目标的行为。

阿兹特克人并没有被"收支平衡"的意识形态所支配。在资本主义意识形态与经济学条件下,经济与原欲力的耗费,会被一种补偿收入的欲求所抵消。但阿兹特克人则相信耗费不应附带任何条件。

在巴塔耶看来，耗费哲学是理解阿兹特克人的太阳崇拜及其活人献祭行为的关键。

大多数牺牲者都是战俘，这就让他们的战争观念变得合理：战争是维持太阳生命的必要手段，它的意义在于消费，而不是征服。

古代的墨西哥人认为，如果战争停止，太阳就会停止闪耀。

巴塔耶辩称，阿兹特克人将太阳看作是无尽消耗和恣意浪费的源泉。因此，献祭与战争就成为一种将能量返回到太阳运行轨迹的方式。

追求极致

巴塔耶根据自己对阿兹特克仪式与信仰的调查研究,将欲望等同于对极致的追求。

我们必须在死亡的感觉里,在我们似乎就要死去的时候,那些无法忍受的时刻里,去寻找自己的存在感。

因为我们的存在只能经由"过度"(excess),即是在极度恐惧和欢乐同在的时候才得以体现。

这种"过度"的感觉,体现在梵高"探出窗外凝望太阳那夺目光环的实践"中。梵高的"不理性"行为,受到了一股蓄意冲动的激励,其目的是为了和统辖自然的太阳经济体系形成关联。

"二战"之后的精神分析与美学

雅克·拉康

1945年,法国精神分析学家**雅克·拉康**(Jacques Lucan,1901—1981)运用弗洛伊德的理论,分析了主权式主体的形成,以及主观经验的边界问题。拉康在他的文章《作为"我"的功能形成之镜像阶段》(1949)里表示:主体的心理根源,来自于一个反照式、幻化镜中形象的无意识创造过程。

拉康设想的场景，是一位 18 个月的孩子被母亲放在镜子前面。孩子从镜子里看不到母亲扶持他的双手，于是获得了一个关于他自己的错误印象：他是一个独立的存在，能够自己站立起来。

我将它形容为一种"误认"的形式。我的意思是，孩童认为自己是自主式主体的幻想，将一直延续到成年阶段。

语言与自主的"我"

拉康辩称,误认是通过语言来维系的。语言就像是幼童接受的镜中映像,它创造出一种虚假的设想,即认为个体通过对主语"我"的运用,即能拥有自主和自决。

> 这个"我",是语法的起点,它是主权式的主体进行意识形态建构的根本。

> 我思故我在……

> 不摒除语法,我们就无法摒除上帝。

拉康围绕主体而展开的批判,有赖于他对**费尔迪南·德·索绪尔**(Ferdinand de Saussure,1857—1913)语言理论的理解。索绪尔的理论,载于他逝世后出版的著作《普通语言学教程》(1916)。索绪尔在书中阐明:意义并非寓于语词本身(他将其命名为**能指**),而是存在于各个能指之间一系列潜在无穷的差异关系里。

索绪尔关于被指称**语符**"任意性"本质的理论，成了**符号学**这一门学科的基础。符号学是对语符及其可变意义的研究。继马克思、弗洛伊德和尼采对意识的激进批判后，索绪尔为主权主体的棺椁敲进了最后一根钉子。

在索绪尔之后，拉康表示：无意识就像是语言。他的意思是，在无意识当中并没有完整统一的主体。

凝视

为了阐明自己有关主体局限的一些概念，拉康谈到了汉斯·荷尔拜因的画作《两位使节》（1533）中"凝视"（The Gaze）的建构问题。在《两位使节》前景的右侧，出现了一个怪异而扭曲的物体。如果从画面右上方某个更高的角度看，可以发现这是一具颅骨。这种视错觉手法被称为**"畸像"**（anamorphosis）。

当这个颅骨的幻像可以从画面右方看到时，使节的形象就变得扭曲而无法把握。

这种矛盾揭示出主体视觉领域里的盲点，以及企图彻底把握全部视域的徒劳。

掌控的幻觉

与拉康同时代的存在主义哲学家**让－保罗·萨特**（Jean-Paul Sartre，1905—1980）用"焦虑"这个词来描述这一盲点。萨特在《存在与虚无》（1943）这部著作里，描述了他独自在公园里浏览眼前景色时遇到的情况。当他确信整个公园里只有自己一个人的时候，可以想象所有事物都是依照他的视角而各就其位。然而，当另一位游人进入公园后，一种无法独自把握整体景观的感觉，就粗暴地打断了萨特的掌控幻觉。

原乐

然而,拉康却对视觉盲点的价值予以肯定。

拉康觉得,在我们的知识与体察盲区发生的这些经验,可以成为一种原欲式愉悦的源泉。他将这种愉悦命名为"原乐"(Jonissance)。在拉康看来,"原乐"是语言和自我建构都无法轻易触及的一种经验。用拉康的话来说,萨特所描绘的场景让主体联想到自身的脆弱,并在主体发现身份的碎片化状态时,导致形成一种愉悦。

超出主体把握能力的经验迸发,通常被认为会导致痛苦(就像萨特所经历的那样);或者导致抑郁乃至精神疾病。康德曾经试图以理性法则来调理这些经验。但拉康却相信,这一类经验与愉悦和艺术密不可分,因为它们本身是不可调节的,也超越于知觉。这是拉康围绕着**罗伦佐·贝尼尼**(Lorezo Bernini, 1598—1680)的雕塑《圣特蕾莎的狂喜》(1644—1647)所阐述的部分内容。

你只要去罗马看一眼贝尼尼的圣特蕾莎雕像,就可以意识到她即将进入高潮状态。

她正在体验着它,却对它一无所知。

20世纪六七十年代马克思主义的形象理论

路易·阿尔都塞

拉康有关主体性形成和语言形成的观念,对法国1968年政治骚乱前后的马克思主义知识分子产生了重要影响。**路易·阿尔都塞**(Louis Althusser,1918—1990)在1970年修改调整了拉康对镜像阶段的分析,从而形成了自己的意识形态理论。阿尔都塞表明,意识形态是主体在社会经济条件约束下产生的虚假独立感。像拉康一样,阿尔都塞相信,语言涉及主体或"我"的自主性,并形成种种假设;而意识形态则是从这些假设中萌生出来的。

这些假设又产生出如是的幻想:主体在以一种"自发"和"自然"的方式而生活。

德波与景观社会

另一位受拉康观念影响的马克思主义知识分子是**居伊·德波**（Guy Debord，1931—1994）。他发表了一部批判资本主义意识形态的著作，题名为《景观社会》（1960）。德波故意用帝国主义作为影射，并将资本主义对消费主义的全盘掌握形容为"日常生活的殖民化"。

景观是一种资本，它持续地积累，直到成为一种影像。

这一论述指出，资本主义已渗透到所有的生活领域，包括都市生活、闲暇、广告与媒体。

对于德波来说,"日常生活的殖民化"既发生在意识经验的层面,也发生在潜意识层面。在主体可以获得的资讯里,冲突和阶级差别被喷涂遮盖到如此严重的地步,导致主体也许只能把这种景观当作事态的真实状况而予以接受。

匮乏

然而,顾名思义,理想典范是无法实现的。消费主义最终让主体的欲望不得满足,继而需求的更多。拉康用"匮乏"一词来形容这种欲望以及无法满足的状况。德波则相信,资本主义刻意利用了这种"匮乏"经验,目的是为了刺激欲望,并让主体继续受资本主义理想典范的奴役和束缚。德波通过他的写作,模仿了资本主义针对"无意识"而自动引发的殖民化过程。他使用同义反复的笔法,让这些文字读起来就像是抚慰人心的广告口号。

> 所有显现出来的东西都是好的,所有好的东西都会显现。

国际情境主义者组织

"国际情境主义者"是一批艺术家和作家成立的松散组织。作为该组织成员之一,德波曾构想出一些用以阻碍资本主义意识形态发展的非理性行为模式。"游荡"(*dérive*)是情境主义者在这方面最热衷的一种方式,它的字面意思为"闲游漫步",或多或少是根据19世纪巴黎的"闲游者"(*flâneur*)形象而来。"闲游者"混迹于城市的消费人群当中,同时却与他们保持着某种事不关己的距离。

在游荡之时,一个人或好几个人将在某一阶段内搁置自己惯常的活动和行为动机,以及他们的社会关系、工作与休闲娱乐……

……然后让自己关注这一带吸引人的地方,以及能够在此邂逅的事物。

"游荡"具有随意性,它和普通的漫步存在着本质上的差异。

情境主义者从他们对"游荡"的兴趣点出发,倡导人们根据人群的移动而建立新的心理—地理方案。他们用下述语言来界定人群与城市的互动关系:"不断的涌动、固定的点与涡旋路径"。在这一分析基础上,情境主义者规划出了绘制城市地图的新颖形式。

借助于旧地图、航拍照片与试验性的游荡,人们就能够绘制出各种影响力的匮乏地图。目前这些地图在早期阶段会不可避免地带有误差,但并不比最早的航海图更糟糕。

唯一的差别在于:这不再是要精确描绘出稳定的大陆面貌,而是描绘出变化中的建筑与城市生活。

易轨

与 20 世纪 20 年代自封为无政府主义者的达达派艺术家相反，国际情境主义者希望推广一种无所用心的艺术形式，而不是主动冒犯。为了实现这个目的，情境主义者设计出一种艺术"易轨"策略：即以全新组合的方式，再次使用业已存在的艺术元素，目的是为了消除这些元素的原本意义。

易轨的目的，远非通过引用某些原作来招致愤怒或引人发笑。被易轨的元素表明我们在完成某种升华的同时，又对无意义的、被遗忘了的原作表示无动于衷。

观看的方式

无论是艺术还是广告中的资本主义影像，德波都将其理解为对于观者"匮乏"感的操纵。但英国的马克思主义批评家**约翰·伯格**（John Berger，1926— ）则相信，资本主义影像是以一种更专横的方式运作的。在伯格看来，这一特征通过荷尔拜因的画作《两位使节》体现无遗。画中最重要的一个特点，就是两位使节对观看者无动于衷的感觉。

> 他们看上去就像是在注视着自己并不相属的某种东西。

> 充其量可能是在注视着一群崇敬者。最糟糕的情形，可能是在面对着一群擅自闯入的人。

伯格强调这两位使节如何导致了观看者的臣服。他的用意不仅是为了彰显荷尔拜因绘画里透露出的明确的帝国主义趋向，也是要表明这种意识形态依然存在于资本主义之中。

伯格的《观看的方式》(1972)是根据一部电视系列剧而完成的著作。他在这本书里将不同的绘画类型(包括裸体画、肖像画、静物与风景画)与广告和媒体形象进行了类比。受女性主义的影响，伯格论证到：文艺复兴以来的裸体绘画和色情作品一样，都折射出父系的权力。

现代主义美学：1940—1970

尽管马克思主义、尼采哲学和心理分析的传统都对主体提出了激烈的批评，但有关经验自主性的现代主义意识形态，却依然延续到 20 世纪四五十年代。因此，美国的抽象表现主义艺术家们，包括**罗伯特·马泽维尔**（Robert Motherwell，1915—1991）、**巴奈特·纽曼**（Barnett Newman，1905—1970）、**杰克逊·波洛克**（Jackson Pollock，1912—1956）和**马克·罗斯科**（Mark Rothko，1903—1970），都继续将其作品合理解释为一种"纯粹"情感的媒介。

> 我们正在实现自我解放，从记忆、联想、怀旧、传奇、神话，或是对大家造成影响的那些东西，那些已成为西欧绘画手段的东西里面解脱出来。

巴奈特·纽曼：我们不是通过基督、人类或是"生命"来建起一座座大教堂，而是根据自身，通过我们的情怀感觉来建造它们。

在抽象表现主义兴起的同时，美国艺术批评家**克莱门特·格林伯格**（Clement Greenberg，1909—1994）与他的门生**迈克尔·弗里德**（Michael Fried，1939— ）也发展出一种新的现代主义美学理论。与以往现代主义理论家不同的是，他们没有说"纯粹"的经验源自于艺术作品所体现的情感，而是认为：从形式特征上来说，判断一件艺术品进步程度的正确方法，应当是脱离功利的、纯粹性的。

现代主义绘画是由一种当前仍在持续发展的进程而界定。这个进程所强调的，是艺术的支撑基底存在着不可避免的平面化。

我所谓的支撑基底，是指绘画的二维表面。

格林伯格与弗里德采取了某种精英主义的方式，并且试图留存一种经验形式，即对艺术品形式特质的欣赏，从而摆脱现代性与资本主义妥协后的异化作用。

克莱门特·格林伯格

温克尔曼与莱辛

格林伯格与弗里德的诸多观念,来源于德国剧作家兼文学批评家**戈特霍尔德·埃夫莱姆·莱辛**(Gotthold Ephraim Lessing,1729—1781)的美学理论。莱辛的理论,是在回应本国学者**约翰·亚奥希姆·温克尔曼**(Johann Joachim Winckelmann,1717—1768)在《古代艺术历史》(1764)里关于古典雕塑《拉奥孔》的评析中形成的。这尊雕塑描绘了拉奥孔和他的儿子们被海蛇绞杀的主题。

拉奥孔本人没有表现出痛苦哭喊的状态,因为这尊雕像意在展现古希腊斯多葛主义的坚忍决绝。

莱辛并不赞同温克尔曼的诠释。他在《拉奥孔：论诗歌与绘画的界限》（1766）里声称：艺术家了解其创作介质的本性，那就是石头并不会说话。

在莱辛看来,每一种艺术介质都拥有某样内在的特质,这种内在特质决定了哪些东西可以经由它来实现。

绘画只能表现瞬时间的行动,所以它必须要选择内涵最丰富的时刻,某一个最能表明此前发生过什么和即将发生什么的时刻。

一次次的行动,则是诗歌的特有主题,它们在时间上相因相续。

莱辛将绘画与雕塑定义为**空间艺术**,而诗歌则是代表**时间延续**的介质。

极简主义艺术

在20世纪60年代,格林伯格与弗里德都对**卡尔·安德烈**(Carl André,1935—)、**丹·弗莱文**(Dan Flavin,1933—1996)、**唐·贾德**(Don Judd,1928—1994)、**罗伯特·莫里斯**(Robort Morris,1931—)和**索尔·勒维特**(Sol Le Witt,1928—)的极简主义艺术感到困惑,因为这种艺术并不遵循以雕塑作为纯粹空间介质的观念。极简主义的物品与装置,都是通过系列性地运用多重单元与局部而生成。

当观看者在观看并历数这件作品及其装置过程时,他们就被纳入了一次历时性的经验当中。

卡尔·安德烈

美学、当代经验与后现代主义

"后现代主义"这个词汇在 20 世纪 80 年代开始流行,它既用于表明一种全球化的经济新秩序,也用来显示出对欧洲大陆哲学的特别兴趣,包括尼采哲学的后续影响和他对审美经验的价值重估。

马克思主义与心理分析理论对欧洲大陆哲学仍有着显著影响……

……但它们却已在尼采观念的影响下被人们重新思考。

吉尔·德勒兹

尽管马克思主义、心理分析与尼采的理论都形成于现代主义时期的开始阶段,但它们却继续在为当代和"后现代"美学提供讯息。

詹明信（弗雷德里克·詹姆逊）

然而，尼采在英国和美国的影响力却不是很大，因此这两国的情况存在着明显差异。美国文化历史学家**詹明信**（Fredric Jameson，1934—　）在20世纪八九十年代发表及出版了多篇颇有影响的文章和书籍，从而让后现代主义这一词汇得以流行。

我与大陆哲学的观点相反。我相信，个体与集体意识是压迫和阶级冲突的持久战场……

……同时也是实现革命与自由的潜在可能性。

在这个方面，詹明信的当代经验理论受到了马克思主义知识分子传统的显著影响。

跨国公司的兴起

在詹明信看来,后现代社会的特征是跨国公司的兴起。通过使用新型信息技术,资本交易经由无数网络而扩散开来,导致几乎无法切实追踪到权力的所在地及运作过程。阿多诺曾经悲观地宣称,在当今政治与文化关系里,权力让艺术变得一无所用。詹明信响应他的这个论点,宣称"后现代文化是美国在全世界争取新一轮军事经济主导权的内在表现,也是上层建筑方面的表现"。

从这个意义来看,正如整个阶级历史的发展过程,在文化的底部都是鲜血、凌虐、死亡与恐怖。

经济交流与权力之间错综复杂的关系，导致了一种方向错乱感的产生。詹明信认为近年来的建筑就反映出这种错乱感。在洛杉矶市中心，由约翰·波特曼设计的博纳旺蒂尔酒店（1976）就是追求一种能自成一体的完整空间。但酒店的几处入口却迂回曲折、令人迷惑。同样，在酒店宽阔的中庭里，也不可能辨识出方向。

> 身体与博纳旺蒂尔这类建筑所代表的人造环境之间，处于完全脱节的状态。它与另一种更明显的两难境地形成了类比……

> ……那就是：我们的内心无力描绘出这个庞大的全球跨国网络的图景，我们眼看着自己深陷其中。

现代主义者 vs 后现代主义者

为了检验后现代文化与资本之间日益紧密的关系，詹明信将现代主义与后现代主义的艺术与建筑作为例证进行了比较。海德格尔曾在《艺术作品的起源》里对梵高绘制的农妇鞋子进行诠释，这双鞋被视为代表着更大的真实。然而在詹明信看来，安迪·沃霍尔的《钻石粉鞋》(1980)"已经完全不再采用梵高画中鞋子的那种即时感来向我们诉说了"。

我们现在看到了一批随意收集起来的死寂物品，这让人联想到奥斯维辛集中营里成堆的鞋子遗物，或是某个人群拥挤的舞厅里发生了一场不可理喻、结局悲惨的火灾后，留在余烬里的残存纪念物。

无法让这些零碎之物还原到一个整体的、更大的鲜活语境里。

詹明信认为，在当今时代，就连异化与悲剧的本质都已经发生了变化。在现代主义时期，各种关于异化的形象，例如**爱德华·蒙克**（Edvard Munch，1863—1944）的《尖叫》（1894），代表了资产阶级理想化家庭生活与稳定身份的坍塌，它们也因此形成了对资产阶级意识形态的批判。然而，当代的异化形象，例如沃霍尔的玛丽莲·梦露系列，即使也拥有一种悲剧感，却并不是在反对意识形态。

毋宁说，它们再造了一场看似无休无止的迷恋，而迷恋物则是形象魅力、星运和商品化。

戏仿还是拼贴?

现代主义将戏仿尊奉为反对资产阶级规范的讽刺武器,然而后现代主义却沉迷于拼贴,一种不带批判锋芒的"空洞反讽"形式。古斯塔夫·马勒(Gustav Mahler)用乡村手风琴的演奏来打破管弦乐的高亢激越,D. H. 劳伦斯运用俗语风格向自然致意,这些都是戏仿的例证。

> 这些典型的戏仿,是将各种宏大情感有效地置放在括号限制之内,以便阻止它们浮夸滥情地流行于世。

拼贴可以像戏仿一样产生幽默感。然而在詹明信的眼里，它最终还是模仿性的：是一种死去的语言。

斯特拉文斯基（Stravinsky）的折中主义以及对其他作曲家的借用，就已经预示了拼贴手法的出现。

当代建筑对以往历史风格的生吞活剥，就是后现代拼贴的最充分的例证。

在这样的背景下，拼贴除了要获得一种风格的感觉之外，并没有其他任何目的。

精神分裂式的文化

考虑到资本日益强大的主导作用,以及对浅表效果的强调,詹明信将后现代文化形容为"精神分裂式的"文化。他对瑞士语言学家费尔迪南·索绪尔的理论进行调整后,将精神分裂症定义为一种意指(signification)不断遭到预先的阻碍而导致意义(meaning)的无休止延误。詹明信相信,这种表述刻画出了资本主义自身对于欲望的建构:它承诺兑现满足,却又无休止地予以推迟。

事情的这种幻觉状态让人兴奋莫名,但最终却缺乏一种深度或实质感。

安东尼奥·内格里与T.J.克拉克

后现代主义有时被等同于新型"信息"技术与互联网的发展。文化分析家**安东尼奥·内格里**(Antonio Negri,1933—)对这样的发展表示赞赏。

它克服了传统的时空观念,并且为形成一种更有利于获取信息的新型全球共同体铺平了道路。

内格里宣称,这个虚拟时代的创建,预示了视觉相对于话语的全新优势。这意味着影像将会成为比语言更简易、更自由的交流形式。

其他人则对这些技术进步的断言持有更怀疑的态度。他们将这些进步视为资本主义扩张和全球化略加掩饰的伪装。例如,当代马克思主义艺术史学家 T. J. 克拉克(T. J. Clark,1943—)就驳斥了内格里的这些主张。他指出:当代文化远未通过影像而获得解放,实际上却充斥着大量的冗词赘语!

有关影像清晰、影像流动与影像密度的当代概念,都是通过与之平行并畅行无阻的标识文字(logo)、电视广告里密集的伪叙事、品牌口号,以及背景同期声而被逐一塑造出来。

影像仍然在到处讲述故事,或是在发号施令。

网络页面、电子公告栏和电子游戏,只不过是大声吆喝或低声耳语的语句被视觉化而已。

克拉克指出：流动性的意识形态，以及表象的自由呈现，是在19世纪末随着市民阶级的扩大与消费社会的肇始而逐步兴盛起来的。

我将内格里有关当前技术发展的观念视为这种意识形态的翻新版本。

正是出于这个原因，我要驳斥那些号称后现代主义时期已经出现的论断。

在克拉克看来，当代全球社会仍然受到资本主义意识形态的左右，而这些意识形态则产生于现代主义的开始阶段。

后现代主义与欧洲大陆美学

让·鲍德里亚

让·鲍德里亚（Jean Baudrillard，1929—　）或许是和詹明信立场最接近的当代法国哲学家。鲍德里亚和詹明信一样，他的作品也深受马克思影响，只是在写作内容上比詹明信更加虚无和反讽。继德波之后，鲍德里亚认识到：资本的驱动力是消费者的欲望，而不是马克思认为的劳动异化。

资本在运行时采用的意识形态方式，等同于索绪尔语言分析中的意识形态。

消费主义是永不餍足的欲望之潜在无尽的历程。

商品的价值，就像语词的意义一样，取决于永无止境的再定义过程，而这个过程最终没有人能够掌控。

媒体就是信息

鲍德里亚赞同马歇尔·麦克卢汉的名言："媒体就是信息。"在鲍德里亚看来，资本主义就是由各种相互扶助、自我指涉的意象和符号组成的竞技场。

举一个典型的例子：埃索公司到冬天时会在它的加油站出售木柴和烧烤用具。

这就是燃油界的领军企业，是木柴及其全部象征价值的"历史清算者"。它以新式木柴公司埃索的名义，将木柴再次提供给你。

"现实"是无法再现的："民众"真正考虑或想要的，始终保留在幻想领域，是信息与民意调查积聚的成果！

模拟的美学

鲍德里亚将资本主义定义为:"在拒绝事物真实性的基础上对符号地位的擢升。"鲍德里亚宣称,这个处境催生了一种有别于以往的美学形式:**模拟**美学,而不是美与原创性的美学。在鲍德里亚看来,这个世界是由其他摹本的摹本而组成:20世纪60年代的波普艺术可以作为它的事实例证。

> 波普和工业生产以及系列生产是一体的,因此也就具备了整体环境内的人工化或制造化特质。

鲍德里亚将"冷静"的波普艺术与"热烈"的抽象表现主义作品进行了对比。后者多被视为摆脱文化束缚与规律,并获取独立的一种激进姿态。

但抽象表现主义并不比波普更激进,或更"真实"。

它以一种纯粹而空洞的姿态,挑战了一个完整、饱和的符号体系,并以此来庆祝它自身的消隐。

抽象表现主义在最极致的状态下显示出虚无性,并近似于恐怖主义的行为,同时几乎没有引发变化的实际力量。归根到底,抽象表现主义只不过是一个爆发式的梦想。

后现代资本主义的各种反讽

随着鲍德里亚的写作发展,他在作品里愈发体现出格言警句式的文风,并对后现代资本主义的各类反讽表示关注。后现代社会作为一种模拟文化,与巴塔耶所描述的神圣化古代社会存在着差异,鲍德里亚对这些差异表现出格外的反讽(他没有提到巴塔耶的相关见解,而是将阿兹特克文化形容为"残忍的宇宙")。

雪不再是上天的恩赐。它精确地降落在那些被设定为冬季度假胜地的地方。

大陆哲学模式的后现代美学里,有一个反复出现的主题:经验不再像康德认定的那样存在于纯粹状态之中,也并非独立自主于语言之外。相反,经验存在于语言和身份的局限内,其边界则日益模糊。继尼采之后,经验在此被设想成一种逃离主体把握的过度情感。

罗兰·巴特

罗兰·巴特是欧洲大陆最具影响的后现代哲学家之一。他在著作当中日益关注处于语言边界的经验。在 20 世纪 60 年代之前,巴特将索绪尔的语言学理论应用到众多的文化形式与器物研究上。《神话学》(1957)是他的一部短篇随笔集。书中分析了流行文化里的符号学(符号与象征的意义),以及历史与道德指涉被编码的情况。在这些随笔当中,包括一篇研究好莱坞电影《裘力斯·凯撒》里的额前短发如何暗示着"罗马风格",另一篇则分析了舞台默剧里的摔跤情景如何与"正义"有关⋯⋯

⋯⋯还有宣传家居洗涤用品的不同广告策略(用净化之火来形容去污剂,以某种制剂品牌的拟人造型维持公共秩序的画面来形容洗衣粉)。

不带编码的信息

在20世纪60年代早期,巴特开始密切关注与电影和摄影术有关的经验。这类经验已经超出了语言和符号学隐含意义的范围(即通过文化而形成的符号与象征意义)。巴特以潘扎尼牌意大利面的一则广告作为例证,表明这一品牌虽然使用了隐含意思来表明"意大利风味"(绿红白三种颜色、李子、番茄和细面条),却还拥有另一个层面,这个层面则不需要某项事实包含的隐含意思。这个事实是:底片是现实留下的一种货真价实的痕迹,是通过光线在拍摄主体与感光胶片之间的运行而产生的。这种直接联系以纯粹的形式得以保存,而无论是哪种意义都可以围绕着它建构起来。

已经消失的存在留下的照片,像一颗恒星姗姗来迟的光芒触及到我。

这种效果意味着照片是没有编码的信息。

每一张照片里都有"这是它昔日面貌"的惊人证据。

刺点

巴特在他的最后一部著作《明室》(1980)里,发展出"刺点"的概念。这指的是被照片形象触动后无语沉默的效果。刺点效应源于巴特本人的震惊感受:他正在凝望的那些人,看上去是如此地栩栩如生,却都已经衰老,甚或已经死去。

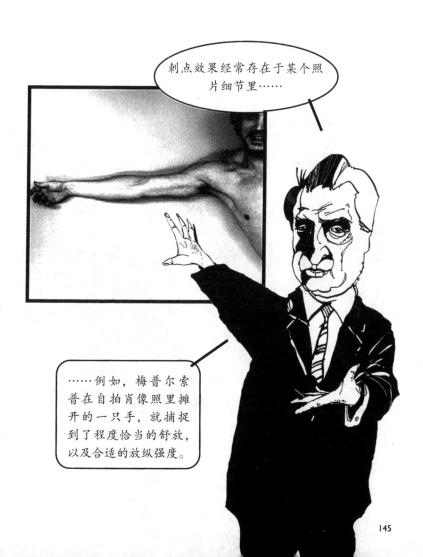

刺点效果经常存在于某个照片细节里……

……例如,梅普尔索普在自拍肖像照里摊开的一只手,就捕捉到了程度恰当的舒放,以及合适的放纵强度。

《明室》围绕着巴特母亲儿童时期的一张照片而展开讨论。巴特刻意不让它出现在书中。在这张照片里，巴特察觉到已故母亲温柔、慷慨的本质容貌，这一容貌甚至可以对死亡表示蔑视。这张照片将巴特带回到另一个时间段，那时他母亲尚在人世，这就导致他对摄影术里的时间冲突进行了深思。

> 一个人在照片里被加以表现后，似乎获得了一种延伸的生命（尽管他或她前后已经不复相同）……

> ……而观看者在亲眼目睹照片主角的延伸的生命时，则意识到他们自身生命的有限性。

朱丽亚·克里斯蒂娃

朱丽亚·克里斯蒂娃（Julia Kristeva，1941—　）受到了巴特和拉康的双重影响，她在作品里将经验作为一种丧失的形式而进行持续探讨。她论述到，某些文学与艺术形式揭示了一定层面上的无意识，并超出了父权体系下身份概念的内涵范围。

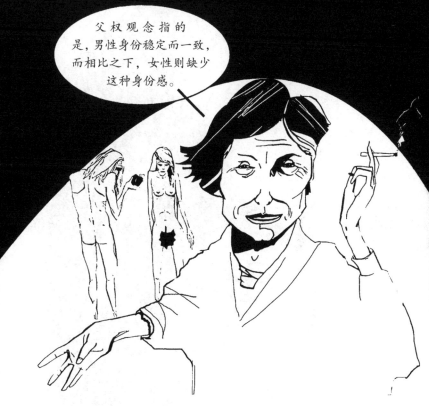

父权观念指的是，男性身份稳定而一致，而相比之下，女性则缺少这种身份感。

在《语言里的欲望》(1977)、《恐怖的权力》(1980)和《黑太阳：压抑与忧郁》(1987)等著作里，克里斯蒂娃提供了一种重要的"女性主义"身份的理解角度，方法是采取后康德的美学传统，将愉悦视为连贯性与感觉崩析后的必然结果。

克里斯蒂娃相信，文学与艺术的某些形式，与语言习得前在子宫内部及出生后的早期婴儿经验有关。在这个方面，克里斯蒂娃的艺术观与弗洛伊德存在着差别。弗洛伊德相信，艺术是一种渴望与冲突的表达；而这种渴望与冲突的来源，则是孩童因为父辈律法而与母亲形成的分离。

我的艺术观是，艺术源于孩童与母亲的关系。这个关系的形成，要早于父辈律法及社会规定的介入。

母性空间与符号

在克里斯蒂娃看来,这个经验成型的空间观念,类似于柏拉图在对话录《蒂迈欧篇》(约公元前 360 年)里提到的一种"母性空间"(chora)。

柏拉图的"母性空间"让人联想到母性容器,一个产生挤压并且在舞蹈的容器。

这个希腊词既指代子宫,也指代在城市露天广场上表演的一种舞蹈。

这个母性空间就是克里斯蒂娃称为"符号"的东西。符号是一种先于语言而存在的消解和碎片化空间,但它也是情感经验以及通过母婴关系而形成各种本能驱动的源泉。

克里斯蒂娃认为，诸如**路易-菲迪南·塞利那**（Louis-Ferdinand Céline，1894—1961）、**塞缪尔·贝克特、安托南·阿尔托**（Antonin Artaud，1895—1948）和**詹姆斯·乔伊斯**等现代主义作家的作品里，已经传递了一种符号的感觉。

他们的作品包含了一种欲望，意在推行一段音乐、一种韵律，或一首复调乐曲，但同时也通过无稽之谈与笑声而抹掉了意义。

乔伊斯的小说《尤利西斯》（1922）与《芬尼根守灵夜》（1939）在意义的边缘产生功效。它们采用一种"永远陈旧，永远已经过时，在滑稽的同时又转瞬即逝"的语言，并以此来见证狂喜状态下对父权的颠覆。

克里斯蒂娃与"原乐"

从视觉艺术方面来看,**乔托**(Giotto,1267—1337)在帕多瓦和阿西西创作的迴环湿壁画(创作时间分别在 1304 年与 1305—1306 年),是克里斯蒂娃"符号"概念的例证。壁画景象(田野、风景、建筑)里那些交叠、片段化的体块,制造出"一个对抗的空间"。

小教堂的主导色彩是蓝色,却跟其他柔和的补充色调相混合,从而在这分裂的景象中建立起和谐与流转。

色彩将形体从墙体的平面中挣脱出来,并赋予它们一种深度。这种深度的形成与寻求透视有关,却又截然不同。

为了概括乔托如何通过色彩和节奏而颠覆了几何学与父权的手法特征,克里斯蒂娃从拉康和巴特那里袭用了"原乐"这个词汇,并以此代表着(其他的)意味:快乐、狂喜与性高潮。

克里斯蒂娃在《黑太阳》里探讨了"原乐"的另一面,一种忧郁与压抑的深刻感觉。这是她在**费奥多尔·陀思妥耶夫斯基**(Fyodor Dostoyevsky,1821—1881)与**玛格丽特·杜拉斯**(1914—1996)的文学著作,以及 16 世纪艺术家**汉斯·荷尔拜因**的作品里邂逅的感觉。

荷尔拜因的绘画《墓中的基督遗体》(1522)丝毫不带有基督教的赎罪感,它显得极为肃穆阴郁。

> 这幅画甚至称不上是一次再现,而更像是再现过程中的一种空白或断续。

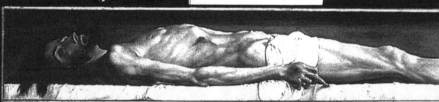

克里斯蒂娃相信,荷尔拜因绘画当中表明的断续感来自于无意识。在无意识里,一种源于孩童时期与母亲之间历次冲突与分离的深切哀愁,吞没了语言和感觉。

女性主义美学与后现代主义

克里斯蒂娃对父权制的批评,也得到其他同时代哲学家的回应,例如**海伦娜·西苏**(Hélène Cixous,1937—)和**卢茜·伊瑞加莱**(Luce Irigaray,1932—)。在《集市上的妇女》(1978)等文章里,伊瑞加莱强调了下述事实:对于妇女的压迫,是依托于父权制以阳具符号而形成的身份组建方式上。

这一符号将"缺失"铭刻在女性身体上(她"缺失"了一根阴茎),并带有这种判断所承载的一切贬损意味。

这种二元身份概念的形成原因,在于无法像尼采设想的那样将差异理解为绝对他者和不可再现者。

雅克·德里达

和克里斯蒂娃、西苏和伊瑞加莱一样，**雅克·德里达**（Jacques Derrida，1930—2004）也受到了尼采解决"他性"方式的启发。德里达认识到，在父权制以及柏拉图式形而上学所产生的哲学传统之间，存在着根本的联系。他将这个传统称作"阳具—逻各斯式的"，认为它是围绕着阳具概念而发展起来的。

在尼采之前，所有哲学概念的形成都被分为基础概念（阳具）和辅助概念。后者不仅依赖于前一概念，而且要为前一概念下定义。

例如：

美　丑
真　假
善　恶
男性气质　女性气质
主体　他者
内部　外部

解构

我的目标是要"解构"这些二元的术语,并揭示出它们之间的相互依存关系。

我的哲学目标,是要将意义与真理掷入质疑。方法是标明一个第三类的暧昧术语,并让各种二元对立在这个基础上进行建构。

这种第三类术语的概念,出现在德里达的著作《绘画中的真理》(1978)里。他在书中解构了康德的《判断力批判》以及海德格尔的文章《艺术作品的起源》里的一些段落。德里达的解构任务,涉及对包括柏拉图、尼采、马克思、弗洛伊德和索绪尔以及其他哲学文本的细读。

德里达在讨论康德的《判断力批判》时，注意到其中的一段话。在这段话里，康德排除了他认为对于美学关注来说无关紧要的东西：画像的镀金边框、雕像上的披幔，以及宫殿的柱廊等。为了形容它们的作用和地位，康德重新启用了希腊名词"附饰"（*parergon*），意思是完整再现的一种附属物。

"附饰"构成了艺术作品的边框，它是组成艺术品的第三类术语。

这样一来，艺术品的外部之物同样也属于艺术品。"附饰"既不在艺术品之内，也不在艺术品之外，而是兼而有之。

无法判断的艺术

在德里达看来,所有尝试破解艺术作品,并赋予它一种"真知灼见"的努力,都是受到了一种获取所有权的推动。为了证明这一点,德里达提到了马丁·海德格尔(在 1935 至 1936 年)与梅耶·夏皮罗(在 1968 年)围绕着梵高那幅《旧鞋子》(1886—1887)而形成的截然不同的解释。

我认定画中这双鞋子是一位农妇穿的……

……可我却断言它们是画家自己的鞋子,另外这幅画是一种自画像的形式。

两人试图通过确定梵高画中鞋子所有者的身份,而尽力阐明画作的意义。但德里达却宁愿强调:这幅艺术品的意义与来源,在本质上是暧昧而无法判断的。

让-弗朗索瓦·列奥塔

和德里达一样，**让-弗朗索瓦·列奥塔**（Jean-François Lyotard，1924—1998）也强调不确定性与疑虑，并声称疑虑对于思想而言是不可或缺的："只有以疑虑为代价，理性才可以展开析理。"列奥塔辩称，为了实现真正的人性，我们需要通过体验而恢复自身的"非人性"成分。这就像是在体验崇高的初始阶段，会有一种失控感。他以一个小孩子的例证来阐明这一观点。

不具备说话能力，不能站立，对物品本身有何用处充满犹豫……

……不能够估算它的好处，对人类理性不敏感。这个孩子是人类的典型代表。因为这种困窘是可能事物出现的预兆和希望。

纽曼与杜尚

列奥塔坚持这种后现代主义的观念,并将它当作一种方法,来描述当代文化与社会内部不断增长的他性感觉。他引用巴奈特·纽曼的"拉链"系列绘画来解释这一理论,并将它们与**马塞尔·杜尚**(Marcel Duchamp, 1887—1968)的《甚至,新娘被光棍们剥光了衣服》(又名《大玻璃》, 1915—1923)和《给予》(1946—1966)相比较。

杜尚作品里对时间的再现,只能是在事件之前,或事件之后。

《大玻璃》

杜尚艺术里的这个"事件",是对性别差异的认识。在《大玻璃》里,那些位于艺术装置的底部区域、被表现成纱机锭子的单身汉们,正对着装置上方的新娘射精(代表着事件之前发生的时间)。

《给予》

……而《给予》里的年轻女子,则屈从于对自身性别的创伤式的承认(代表着事件之后发生的时间)。

巴奈特·纽曼的绘画与杜尚截然不同，他的画并不用对立方式来实现效果。它们不仅能够再现"事件"，而且本身就既是**再现**也是**表现**。

在《拜苦路》(1958—1966)这个系列作品里，被回忆之事的时间（举刀挥向以撒），以及被用来回忆那段时间的时间（《创世记》里对应的经节），被浓缩到了一起。

抽象的拉链线条**再现**了时间—创造行为本身的时间，即敞开的虚空变为形式之时。但它也**正是**这个时间—创造的一刻。这些因素加在一起，就组成了"事件"。

在列奥塔的眼里，杜尚那些完全不同于《大玻璃》和《给予》的现成品艺术，例如《晾瓶架》(1914)和《泉》(1917)，在功效上与纽曼的绘画方法相似。它们都既是表现，也是再现；是具有实际功效的物品，并且超越了艺术与艺术物品的传统边界。

基于这一观点，列奥塔对艺术史学家蒂埃里·德·杜弗（Thierry de Duve）的看法表示赞同："当代美学问题并非'什么是美？'，而是'什么能够被称为艺术？'。"

> 现成品艺术代表着艺术家即使在自己的作品里也会体验到的、恒久的非占有过程。

列奥塔强调的事实是：后现代主义是对启蒙运动与现代主义的重估，而不是一种替代选项。

现代主义所重点关注的许多问题，在后现代主义这里仍然存在，但却失去了原有的精神性或纯粹性倾向。

这个观点不仅在列奥塔的哲学里有所体现，它也体现在**吉尔·德勒兹**（1925—1995）的哲学里。德勒兹的思想也受到了尼采对康德美学重估行为的相似影响。

吉尔·德勒兹

和许多现代主义者一样，德勒兹声称绘画能够直接作用于神经系统："通过绘画，歇斯底里症就变成了艺术。"但是，正如歇斯底里这个名称本身所体现的，德勒兹并没有使用这一理论来维持主体在经验领域里的掌控地位。这与早期的现代主义美学家完全不同。

无器官的身体

德勒兹修正过后的视觉观,挑战了现代美学通常赋予目光的优先地位,而这个常规可以上溯至拉康,并且包括拉康本人在内。这个新的视觉观,也是德勒兹的哲学概念"无器官的身体"的一部分。德勒兹是从剧作家**安托南·阿尔托**那里借用了这个名词,而阿尔托则是"残酷戏剧"的首倡者。德勒兹多次声称弗朗西斯·培根的绘画是由经验的**强度**而组成,也是受到了阿尔托"身体逃离心思"等观念的影响。

绘画被安嵌在身体逃离自身的地方;但身体在逃离时发现了构成它自身的物质性。

德勒兹采用心理病理学的术语,将绘画定义为一种歇斯底里的形式。而音乐在病理上则"更像是一种奔跑疾驰的精神分裂症",它言说着脱离躯体与去物质化的过程。

音乐知晓一切的波动与紧张不安。

但它却让一具具身体剥离了怠惰,以及它们在场的物质性:它让身体脱离了身体。

因此,就像莱辛以及格林伯格和弗莱德等现代主义者一样,德勒兹坚称:不同的艺术形式都具有一种本质;但拥有这种本质的方式,却是将身体设定为心理冲突与经验的通道。

结论

因此,在21世纪之初,我们发现了一种脱离躯体与碎片化的美学。自18世纪鲍姆加登与康德创立美学以来,它已经成为重新评估主体的核心所在。

当济慈在 1820 年写下《希腊古瓮颂》的时候，作为某个统一的同质成分的主体概念，就已经面临着危机。济慈诗中描绘的古瓮人物造型，它们被凝固在时间里，仿佛已经不朽。但诗人却意识到，这一景象与生命或死亡都毫无关系。

你，这静默之形，如同"永恒"牵引我们出离了思虑：冰冷的牧歌啊！

在这首诗歌里，主体难免谬误和死亡。也正因为是这样，美与真才存在于主体的把握之外。

然而，美和真的概念却仍然在后现代主义里得以保留，并且也不尽是以济慈体会到的忧郁方式而存在的。在《作为艺术的意志力》里，尼采表达了另一种观点：美并不是只有**被动性**，它还具有**转化性**。

"美"存在于所有的等级秩序之外，因为对立之物已经在"美"之中被驯服。

总体而言，美是这样一种认识：传统上被认为"消极"的概念，例如失败、毁灭或"缺失"，并不是简单的消极负面因素，而是内在于艺术、创造性以及各种肯定生命的价值当中。在尼采之后，美已经成为形而上学价值重估行动中投入的一项成本，而"真"则是这种哲学的兑现与实践。

延伸阅读

"美学"一词意味着与经验相关的各类观念,它涉及哲学涵盖的一个广泛概念领域。为了达到延伸阅读的目的,本书选录了以下这些著作文本。它们对相关哲学话题进行论述,其中多数侧重于艺术方面的内容。这些文本为读者领略美学主题的多重层面提供了一条路径,而书中有关艺术的观点和诠释也同样引人入胜。关于二级文献的阅读,还可以参考 Icon 出版社的系列书籍以作补充。这些系列书籍里介绍了各位哲学家、观念史以及哲学内容本身。

一级文献

Theodor Adorno and Max Horkheimer, *Dialectic of Enlightenment*, New York, Seabury Press, 1972

Theodor Adorno, Walter Benjamin, Ernst Bloch, Bertolt Brecht, Georg Lukács, *Aesthetics and Politics: The Key Texts of the Classic Debate Within German Marxism*, Verso, 1986

Louis Althusser, *Essays on Ideology,* Verso, 1984

Thomas Aquinas, *The Pocket Aquinas*, ed. V. Bourke, Washington Square Press, 1969

Aristotle, *Poetics*, Penguin, 1996

Saint Augustine, *The Confessions*, Everyman Library, 2001

Roland Barthes, *Camera Lucida: Reflections on Photography* (1980), Vintage, 1993

Georges Bataille, *Visions of Excess: Selected Writings, 1927-1939*, University of Minnesota Press, 1991

Jean Baudrillard, *The Conspiracy of Art: Manifestos, Interviews, Essays,* Semiotext(e), 2005

Walter Benjamin, *Illuminations*, FontanaCollins, 1982; *One-Way Street and Other Writings*, Verso, 1992

John Berger, *Ways of Seeing*, BBC and Penguin, 1987

T. J. Clark, *Modernism, Postmodernism and Steam*, October, 100, Spring 2002, pp. 154–74

Guy Debord, *Society of the Spectacle*, Rebel Press, Aim Publications, 1987

Gilles Deleuze, *Nietzsche and Philosophy*, Athlone Press, 1983; *Francis Bacon: The Logic of Sensation*, Continuum, 2003

Jacques Derrida, *The Truth in Painting*, University of Chicago Press, 1987

Michel Foucault, *The Order of Things: An Archaeology of the Human Sciences,* Tavistock Publications, 1986; *This Is Not A Pipe*, University of California Press, 1983

Sigmund Freud, *Case Histories*, vols 8 and 9; *Art and Literature*, vol. 14, Penguin Freud Library, 1990 (also published in the *Standard Edition of Freud's Psychological Works*, ed. James Strachey)

Georg Hegel, *Introductory Lectures on Aesthetics* (1820–29), Penguin, 2004

Martin Heidegger, *Being and Time*, Blackwell, 2006; *Basic Writings,* Routledge, 2004

Fredric Jameson, *Postmodernism, or the Cultural Logic of Late Capitalism*, Verso, 1991

Immanuel Kant, *Critique of Judgement* (1790), Hackett, 1987

Julia Kristeva, *Desire in Language: A Semiotic Approach to Literature and Art*, Blackwell, 1987; *Black Sun: Depression and Melancholia*, Columbia University Press, 1989

Jacques Lacan, *Écrits*, W. W. Norton, 2006; *The Four Fundamental Concepts of Psychoanalysis,* Penguin, 1991

Jean-François Lyotard, *The Postmodern Condition: A Report on Knowledge*, Manchester University Press, 1986 ; *The Inhuman: Reflections on Time*, Polity Press, 1993

Karl Marx, *Grundrisse*, Penguin, 2005; *Capital: A Critique of Political Economy*, vol. 1 (1867), Penguin, 1990

Friedrich Nietzsche, *Twilight of the Idols* (1888) in *The Portable Nietzsche*, Penguin, 1976; *The Will to Power* (1883–8), Vintage, 1968

Plato, *The Portable Plato*, Penguin, 1977; *Sophist*, Hackett, 1993

Jean-Paul Sartre, *Being and Nothingness: An Essay on Phenomenological Ontology*, Routledge, 2001

Ferdinand de Saussure, *Course in General Linguistics*, Duckworth, 1983

Oscar Wilde, *The Picture of Dorian Gray*, Oxford University Press, 1988

二级文献

Moshe Barasch, *Theories of Art* (3 vols; *From Plato to Winckelmann*, *From Winckelmann to Baudelaire*, *From Impressionism to Kandinsky*), Routledge, 2000

Andrew Bowie, *Aesthetics and Subjectivity: From Kant to Nietzsche*, Manchester University Press, 2003

Jay Bernstein (ed.), *Classic and Romantic German Aesthetics*, Cambridge University Press, 2003

David Cooper (ed.), *A Companion to Aesthetics*, Blackwell, 2003

Terry Eagleton, *The Ideology of the Aesthetic*, Blackwell, 1990

Umberto Eco (ed.), *On Beauty: A History of a Western Idea*, Secker and Warburg, 2004

Jae Emerling, *Theory For Art History*, Routledge, 2005

BerysGaut and Dominic McIver Lopes, *TheRoutledge Companion to Aesthetics*, Routledge, 2002

Stephen Halliwell, *The Aesthetics of Mimesis: Ancient Texts and Modern Problems*, Princeton University Press, 2002

Charles Harrison and Paul Wood (eds), *Art in Theory, 1900–1990 : An Anthology of Changing Ideas*, Blackwell, 1992

Charles Harrison, Paul Wood and Jason Gaiger (eds), *Art in Theory, 1648–1815: An Anthology of Changing Ideas*, Blackwell, 2000

Richard Kearney and David Rasmussen, *Continental Aesthetics, Romanticism to Postmodernism: An Anthology*, Blackwell, 2001

Christopher Kul-Want, *Philosophers on Art from Kant to Modernism, A Reader*, Columbia University Press, 2010

Leonardo da Vinci, *Leonardo on Painting: An Anthology of Writings by Leonardo da Vinci*, ed. M. Kemp, Yale University Press, 1989

作者致谢

我要感谢理查德·阿皮格纳内西（Richard Appignanesi）委托我完成此书，感谢邓肯·希斯（Duncan Heath）的编辑校订。我还要感谢麦格·厄林顿（Meg Errington）和克莱夫·霍森（Clive Hodgson）在我写作此书的过程中不断给予的鼓励。我尤其要感谢我的妻子凯瑟琳·亚斯（Catherine Yass），我从她那里获得了许多建议与新想法。这本书应该奉献给她。

插图画家致谢

我要感谢Icon出版社的诸位，尤其是邓肯。我把这本书献给我父亲，还有希尔维娜。

索引

阿尔布雷希特·丢勒（Albrecht Dürer）30
阿兹特克人（Aztecs）100-101
爱德华·蒙克（Edvard Munch）131
安迪·沃霍尔（Andy Warhol）3,130-131
安东尼奥·内格里（Antonio Negri）135
安托南·阿尔托（Antonin Artaud）150
暗夜学派（School of Night）30

奥诺雷·德·巴尔扎克（Honoré de Balzac）78-79
奥斯卡·王尔德（Oscar Wilde）4,69-71
巴勃罗·毕加索（Pablo Picasso）62
巴奈特·纽曼（Barnett Newman）120,159,161-162
柏拉图（Plato）5-16,22-25,29-30,46,56,149,154-155
贝托尔特·布莱希特（Bertolt Brecht）79-80,84,93
畸像（anamorphosis）107
表现（presentations）
波普艺术（Pop art）140-141

阐释学（hermeneutics）98
崇高（sublime）47-49,51,55,75,92,158
抽象表现主义（Abstract Expressionism）120-121,141
刺点（punctum）145
存在（Being）95

迭戈·委拉斯凯兹（Diego Velázquez）38-41

泛希腊主义（Hellenism）68
费尔迪南·德·索绪尔（Ferdinand de Saussure）105-106,138,143,155
弗朗茨·卡夫卡（Franz Kafka,93
弗里德里希·尼采（Friedrich Nietzsche）49,55-59,68,94-95,99,106,120,126-127,142,153-155,163,169
符号（semiotic）139-141,143-144,149-151,153
符号学（semiotics）106,143-144
附饰（parergon）156

戈特霍尔德·埃夫莱姆·莱辛（Gotthold Ephraim Lessing）122-124,166
共产主义美学（Communist aesthetics）81
古典主义知识型（Classical episteme）35-36
光环（aura）85-86

汉斯·荷尔拜因（Hans Holbein）107,118,152
耗费哲学（philosophy of expenditure）100-101
荷马（Homer）9,57
黑格尔（G. W. F.Hegel）50-56
后现代主义（postmodernism）13,55,126,130,135,138,153,163
绘画（painting）
　作为歇斯底里形式的绘画（as form of hysteria）166
　作为模仿的绘画（as imitation）10
　作为哲学的绘画（as philosophy）32

亨利·马蒂斯（Henri Matisse）73

吉尔·德勒兹（Gilles Deleuze）12,163-166
极简主义艺术（Minimalist art）125
技术（technology）135-137
假象（simulacrum）11-12,56
捷尔吉·卢卡奇（Georg Lukács）78-79
解构（deconstruction）155-156
经验的本质（nature of experience）5
精神（Spirit）52-53
精神分裂（schizophrenia）134,166
酒神倾向（Dionysian tendency）57-59,99
居伊·德波（Guy Debord）112-116,118

卡尔·巴克思（Karl Marx）55,65-67,138
克拉克（T. J. Clark）136-137
克莱门特·格林伯格（Clement Greenberg）121-122,166
空间艺术（spatial arts）124

拉斐尔（Raphael）33,36-37,53
莱昂·巴蒂斯塔·阿尔伯蒂（Leone Battista Alberti）31,37
浪漫主义（Romanticism）74-75
老普林尼（Pliny the Elder）13
列昂·托洛茨基（Leon Trotsky）76-77,82-83
列奥纳多·达·芬奇（Leonardo da Vinci）32,34,64
卢茜·伊瑞加莱（Luce Irigaray）153-154
路易·阿尔都塞（Louis Althusser）111
罗兰·巴特（Roland Barthes）143-147

马丁·海德格尔（Martin Heidegger）94-98,130,157

马尔西利奥·费奇诺（Marsilio Ficino）29
马克思主义美学（Marxist aesthetics）76-83
马塞尔·杜尚（Marcel Duchamp）159-162
迈克尔·弗莱德（Michael Fried）121-122,166
美（beauty）
　美与认知（and cognition）26-27
　美的主观欣赏（subjective appreciation）46
　具有转化性的美（as transformative）169
美的秩序（beauty of order）23
美学及其定义（aesthetics, definitions）2-3
米凯朗基罗（Michelangelo）34,63
米歇尔·福柯（Michel Foucault）35-36,38
模拟（mimesis）15,31
模拟美学（aesthetics of simulation）140
母性空间（chora）149

尼古拉斯·普桑（Nicolas Poussin）40
女性主义美学（feminist aesthetics）153

批判现实主义（Critical Realism）78
普遍意识（universal consciousness）51-52
普适的理性（universal reason）49

启蒙运动（Enlightenment）44
乔吉奥·瓦萨利（Giorgio Vasari）34
乔托（Giotto）34,151
乔治·巴塔耶（Georges Bataille）99-102,142
情境主义者（Situationists）115-117

让·鲍德里亚（Jean Baudrillard）138-142
让·保罗·萨特（Jean-Paul Sartre）108-110
让·弗朗索瓦·列奥塔（Jean-François Lyotard）5,158-163,167

社会主义现实主义（Socialist Realism）83
摄影术（photography）87-88,144-146
升华（sublimation）63
圣奥古斯丁（St Augustine）22-25
圣托马斯·阿奎那（St Thomas Aquinas）22,25-27
诗歌（poetry）8-9,27,124
时间延续（temporal succession）124
市民阶层（bourgeoisie）33,66-67,84-85,137
视觉性（visuality）109,164-165
苏格拉底（Socrates）6-7

他性（alterity）43-44,154
他者（Other）43,45,47
太阳神倾向（Apollonian tendency）57
通感（synaesthesia）72
通识教育（liberal arts）27
透视法（perspective）37

瓦尔特·本雅明（Walter Benjamin）5,84-90
瓦萨里·康定斯基（Wassily Kandinsky）72
唯美主义（aestheticism）4,68-70
唯美主义者（aesthete）4,69
温克尔曼（Winckelmann, J. J.）122-123
文森特·梵高（Vincent Van Gogh）97-99,102,130,157
文艺复兴（Renaissance）31-34

沃特·佩特（Walter Pater）68-69
无法判断的艺术（undecidable art）157
无器官的身体（body without organs）165
无意识（unconscious）60-64
物自体（Noumenon）50
误认（misrecognition）104-105

西奥多·阿多诺（Theodor Adorno）92-93
西奥多·杰利科（Théodore Géricault）74-75
西格蒙德·弗洛伊德（Sigmund Freud）55,60-64,148
戏仿与拼贴（parody vs. Pastiche）132-133
现代主义美学（Modernist aesthetics）71,120-124
歇斯底里（hysteria）164,166
写实主义（realism）77-80
宣泄（catharsis）19-20

雅克·德里达（Jacques Derrida）12,154-157
易轨（*détournement*）117
雅克·拉康（Jacques Lacan）13,103-110
亚里士多德（Aristotle）14-20
亚历山大·戈特利布·鲍姆加登（Gottlieb Baumgarten）2,167
伊曼努尔·康德（Immanuel Kant）44-50,110,142,156,167
艺术（art）
　为艺术而艺术（for art's sake）4,70
　艺术的虚构状态（fictional status）16-18
　艺术发展阶段（phases）53
　作为宗教教化的艺术（as religious instruction）28-29

177

艺术与真实（art and reality）17-18
意识形态（ideology）76,111
意象主义者（imagists）89
意志力（Will to power）58
音乐（music）27,166
忧郁（melancholy）34,63
愉悦（delight）48
原乐（*jouissance*）109,151-152
约翰·伯格（John Berger）118
约翰·道兰（John Dowland）30
约翰·济慈（John Keats）1,168-169
约瑟夫·透纳（Joseph Turner）74

再现（representations）161-162
詹明信（弗雷德里克·詹姆逊,Fredric Jameson）127-134,138
詹姆斯·乔伊斯（James Joyce）62,150
真理（truth）13,56,96-98,169
重估一切价值（revaluation of all values）56
朱丽亚·克里斯蒂娃（Julia Kristeva）147-154
追求极致（pursuit of extreme）102
资本主义（Capitalism）42,65,112-115,139-140,142
主体（Subject）36-37,41,105-106,167-168
　主体的局限（limits of）106-110
作为真理发生的艺术（art as happening of truth）96-98